Śrī Tinkuḍi Bābā Sanskrit Series:

No. 1

श्रीमद्भगवद्गीता

श्रीमद्भगवद्गीता

Śrīmad-Bhagavad-Gītā

(With Transliteration and Variant Readings)

नीयल्देल्मानिको नाम्ना सम्पादिता

Edited

by

Neal Delmonico

Blazing Sapphire Press
715 E. McPherson
Kirksville, Missouri 63501
2012

ISBN 978-1-936135-00-4 (1-936135-00-0)

Library of Congress Control Number: 2012907820

Published by:
Blazing Sapphire Press
715 E. McPherson
Kirksville, Missouri 63501

Available at:
Nitai's Bookstore
715 E. McPherson
Kirksville, Missouri, 63501
Phone: (660) 665-0273
http://www.nitaisbookstore.com
http://www.blazing-sapphire-press.com
Email: neal@blazing-sapphire-press.com

Image Credits

Image on Front Cover:

Accession number: 1994-148-450:
Vishnu-Krishna Manifests His Cosmic Form
Artist/maker unknown
India, Mid- 19th century
Opaque watercolor and gold on paper
12 x 8 inches (30.5 x 20.3 cm)
Philadelphia Museum of Art: Stella Kramrisch Collection, 1994.

Contents

Preface ix

Chapter One: सैन्यदर्शनम् 3

Chapter Two: साङ्ख्ययोगः 13

Chapter Three: कर्मयोगः 27

Chapter Four: ज्ञानविभागयोगः 35

Chapter Five: कर्मसन्न्यासयोगः 43

Chapter Six: ध्यानयोगः 49

Chapter Seven: विज्ञानयोगः 59

Chapter Eight: तारकब्रह्मयोगः 65

Chapter Nine: राजगुह्ययोगः 71

Chapter Ten: विभूतियोगः 77

Chapter Eleven: विश्वरूपदर्शनयोगः 85

Chapter Twelve: भक्तियोगः 101

Chapter Thirteen: प्रकृतिपुरुषविवेकयोगः 105

Chapter Fourteen: गुणत्रयविभागयोगः 111

Chapter Fifteen: पुरुषोत्तमयोगः 117

Chapter Sixteen: दैवासुरसम्पद्विभागयोगः 123

Chapter Seventeen: श्रद्धात्रयविभागयोगः 129

Chapter Eighteen: मोक्षयोगः 135

Appendix: Traditional Summaries of the Gītā 149

शङ्करभाष्योपक्रमणिका 149

गीतार्थसङ्ग्रहः यमुनामुनिना रचितः 151

रामानुजभाष्योपक्रमणिका 155

गूढार्थदीपिका मधुसूदनसरस्वतीपादविरचिता 156

सारार्थवर्षिणी विश्वनाथचक्रवर्तिपादविरचिता 160

गीताभूषणभाष्यम् बलदेवविद्याभूषणरचितम् 163

Bibliography 169

Introduction to the Devanāgarī Script **173**

Vowels: Svara 173

Consonants: Viṣṇu/Vyañjana 175

The ka-varga (ka-group) 175

The ca-varga (ca-group) 175

The ṭa-varga (ṭa-group) 176

The ta-varga (ta-group) 176

The pa-varga (pa-group) 177

The Semivowels 177

The Sibilants 177

Combining Vowels and Consonants 179

Preface

Perhaps a few words need be written about this unusual edition of the *Bhagavad-gītā* in which no English translation is included, and perhaps those words should be written in Sanskrit, the language of the text.[1] There are hundreds of translations of the *Gītā* in various of the languages of the world and some of them include the text in either its native script, which is called Devanāgarī (the city of the gods), or in some transliterated format. A few even include word-by-word translations. But, many translations include neither text nor word equivalences. This edition is for those who would like to have access to and get to know the text itself better. It can be paired with any of the translations available in any language, including our own companion volume called the *The Song Divine*, which is a reprint/re-edition of the old classic verse translation of C. C. Caleb completed in India in 1911. Caleb's translation with its "thee"-s and "thou"-s, like the King James Version of the Bible, communicates for many a sense of the sanctity and ancientness of the text that more modern translations do not. Caleb's versification also gives readers a sense of the meter and poetry of the original also lacking in most of the modern versions. The *Bhagavad-gītā* is poetry, and beautiful poetry it is. Therefore, it is called a song (*gīta*), the song of

[1] स्वागताः बुद्धिमन्तः पाठकाः ! मम यद्वक्तव्यं तत्कृपया श्रृणुत। एतत्पुष्टकपठने को लाभो ऽस्ति भवताम् ? ... Welcome bright readers! Please hear what I have to say. What gain is there for you in reading this book and so on and so forth.

the Lord (*Bhagavān* or *bhagavat* in compound). Those who know the text in the original will agree that it is a delightful coordination (*sāhitya*) of sound (*śabda*) and sense (*artha*), which happens to be one of the definitions of great literature in Sanskrit literary criticism. It is meant to be sung or recited out loud, in some parts even at the top of one's lungs. One does not get a full sense of what the text is or of how it has been experienced by countless generations of Indian men and women, students and scholars alike, unless one hears it in this way. This edition is meant as an aid in encountering the *Gītā* as a sung text, as a text not only sung but committed to memory, too.

The text is given in both its Devanāgarī and its standard Roman transliterated form, along with many of its most common variants (only in the Devanāgarī). The source of the text is the wonderful online collection of electronic texts called the Gauḍīya Grantha Mandira managed and populated primarily by Jan Brzezinski. I have edited, corrected, and reformatted the text for use in this book. The variants are primarily based on the Bengali script edition of the text by Pramathanātha Tarkabhūṣana (see the bibliography).

A sometimes troublesome aspect of the Sanskrit language is called *sandhi* (conjunction) or the rules that govern the various ways in which Sanskrit words are changed when they are joined together and read out or spoken quickly. Final "i" is sometimes changed to "y" and final "u" sometimes to "v." Leading "a" is sometimes dropped in certain contexts and so forth. For those who can read the Devanāgarī version, the *sandhi* conjunctions between words have been left intact. In the transliterated version the *sandhi* has been broken. This is intended as an aid for those who are not yet familiar with this aspect of the language and for those who are just learning the language. Learning where and how one word ends and the next begins is one of the early challenges for students learning Sanskrit. Thus, this edition is also intended to be useful for those who are students of the Sanskrit language and who have not yet sufficient understanding of the rules of *sandhi* or a very extensive vocabulary. Moreover, the language of the *Bhagavad-gītā* is relatively simple, making it an excellent choice of text to read in the first or second year of one's study of the Sanskrit language. As an added aid for those new to the Sanskrit language, I have added a pronunciation guide at the end of the book. Tips on how to pronounce the letters of the Sanskrit alphabet, on how to recognize vowels in combination with consonants, and an exhaustive list of the various consonant conjunct formations one might find in Sanskrit works are given there.

Apart from the variety of delightful meters the *Bhagavad-gītā* is composed in, it also contains some of the most elevated ideas and modes of thinking ever produced by humankind. So imagine learning to think of all living beings as equal, not just humans, but plants and animals and whatever else there may be in the living universe, too. Imagine learning to relate to all those beings in that way. Imagine learning to see us all as parts of one cosmic being and learning to regard the welfare of that vast, cosmic, living being as the welfare of us all. Imagine rising above our daily worries, troubles, and anxieties and learning to look upon things *sub specie aeternitatis*, and imagine that wisdom crafted in words long before Spinoza. These are some of the intellectual and emotional delights offered by the author of the *Gītā*. It is no wonder that a great leader and superb human being like Mahātmā Gandhi made the *Gītā* a cornerstone of his philosophy of "simple living and high thinking." Sure, there are the accusers who say: "But it is about warfare! Kṛṣṇa tells Arjuna to get up and fight!" Such people have generally missed the context of the poem. They have missed all the efforts described earlier in the great epic, the *Mahābhārata*, of which the *Gītā* is but a tiny part, to try to avoid the war. Even Kṛṣṇa who is regarded as God incarnate in the epic could not change the minds of the opposing party. For such accusers it is simple: Arjuna should just lay down his weapons and accept whatever fate his cousins ordain for him, whether it be death or another banishment. They expect, I suppose, that things will be made magically right when Arjuna surrenders. His cousins will have a sudden change of heart and will become righteous rulers of the common people. Sadly, history has shown us clearly and repeatedly that such fairy-tale endings rarely occur. If one does not stand up to bullies they will never stop and what is it that makes bullies bullies anyway? It is the very kind of short-sightedness and narrow point of view that divides the world into us and them that Kṛṣṇa teaches against. It is the very lack of the ability to see all living beings as the same as us, to see ourselves in them and them in us, that is one of the fundamental insights of the *Bhagavad-gītā* into the causes of war and strife.

There are, no doubt, many other Sanskrit works that scholars and connoisseurs might put forward as better poetry than the *Bhagavad-gītā*, works like Jayadeva's *Gīta-govinda* (Song of Govinda), or Kālidāsa's *Megha-dūta* (Cloud Messenger), or others too numerous to mention here. And such a claim is not without merit. Though the *Gītā* is beautiful, there are many more beautiful poems in the Sanskrit language. But few of those have had anything like the impact that the *Gītā* has had on Indian and now world culture. For this reason, the *Gītā* still deserves our attention. To hear the words of the Gītā in its original language will only deepen our understanding and appreciation of the power of this great work.

Finally, I would like to call attention to the fact that this edition of the *Bhagavad-gītā* in its original language and script is the first member of a new series of purely Sanskrit publications created to honor the memory of my beloved *gurudev*, Śrī Tinkuḍi Gosvāmī (Bābājī). Placing the *Bhagavad-gītā* as the first member of a series honoring Śrī Gosvāmījī is specially appropriate since it was his exposure to the text when he was a young school boy that forever changed the trajectory of his life, turning him eventually from the comfortable, pampered existence of a hereditary family or caste guru in Bengal to the intense, devout, humble, renunciant practitioner, wearing only a gunny sack loin cloth and outer wrapping, whom I met in the snake-infested wilds of

Vraja some fifty years later. The same book, in its incarnation in the translation of Swami Prabhavananda and Christopher Isherwood, placed in my hands when I was a upper student at Phillips Exeter Academy by one of my teachers, Mr. Grey, had a similar influence on the course of my life, turning my mind and heart towards the great culture and civilization of India for these last forty-six years.

I plan periodically to add to the members of this Sanskrit series as my time and energy permit. Among the works that hopefully will take their places in the series eventually are some of the major commentaries on the *Gītā* like that of the venerable Śaṅkarācārya, Śrīdhara, Madhusūdana Sarasvatī, and others, without which no good understanding of the history of the interpretation of the *Gītā* text would be possible. In addition, I plan to publish some of the seminal works of the Caitanya Vaiṣṇava tradition, first and foremost among which will be the work that appears to be the very first ever written from within the Caitanya tradition, the *Kṛṣṇa-līlā-stava* (A Hymn on the Divine Acts of Kṛṣṇa). This a work, thought by many to have been lost forever,[2] was recovered through the efforts of that great collector and publisher of Caitanyite texts, Haridāsa Dāsa Bābājī. As far as I know it has been printed once before in Devanāgarī as part of a collection of short works, though at least two editions of it exist in Bengali script.[3] It is a theologically inflected account of the actions of Kṛṣṇa growing up in Vṛndāvana as presented in the Tenth Skandha of the *Bhāgavata Purāṇa* by the father of Caitanyite theology, Sanātana Gosvāmin (1465?-1554? C.E.). One can fittingly think of this work as the seed text from which later blossomed the lush garden-orchard of Caitanya Vaiṣṇava theol-

[2]Dr. O.B.L. Kapoor wrote this about the work in his *The Gosvāmīs of Vṛndāvana*, p 86: "Jīva Gosvāmī mentions a work of Sanātana titled *Līlāstava*. Kṛṣṇadāsa Kavirāja mentions a work titled *Daśama-carita*. Narahari Cakravartī clarifies that this is only another name of *Līlāstava*. The work is now lost." (New Delhi, India: Sarasvatī Jayaśri Classics, 1995)

[3]Sanātana Gosvāmin, *Śrīśrīkṛṣṇalīlāstava*, edited by Haridāsadāsa Bābājī. (Navadvīpa, H. Dāsa, 458 Śrīgaurābdaḥ [1944]) And, the same edited by Puridāsa. (Maẏamanasiṃha: Śa. Caturdhurī, 1352 [1945/1946])

ogy and literature.

Neal Delmonico
Blazing Sapphire Press

श्रीमद्भगवद्गीता

Chapter One: सैन्यदर्शनम्

धृतराष्ट्र उवाच

धर्मक्षेत्रे कुरुक्षेत्रे समवेता युयुत्सवः।[1]
मामकाः पाण्डवाश्चैव किमकुर्वत सञ्जय।। १।।

dhṛtarāṣṭra uvāca

dharmakṣetre kurukṣetre samavetā yuyutsavaḥ|
māmakāḥ pāṇḍavāś caiva kim akurvata saṃjaya|| 1||

सञ्जय उवाच

दृष्ट्वा तु पाण्डवानीकं व्यूढं दुर्योधनस्तदा।
आचार्यमुपसंगम्य राजा वचनमब्रवीत्।। २।।

sañjaya uvāca

dṛṣṭvā tu pāṇḍavānīkaṃ vyūḍhaṃ duryodhanas tadā|
ācāryam upasaṃgamya rājā vacanam abravīt|| 2 ||

पश्यैतां पाण्डुपुत्राणामाचार्य महतीं चमूम्।
व्यूढां द्रुपदपुत्रेण तव शिष्येण धीमता।। ३।।

paśyaitāṃ pāṇḍuputrāṇām ācārya mahatīṃ camūm|
vyūḍhāṃ drupadaputreṇa tava śiṣyeṇa dhīmatā|| 3||

---

[1] Alternate reading: सर्वक्षत्रसमागमे

अत्र शूरा महेष्वासा भीमार्जुनसमा युधि।
युयुधानो विराटश्च द्रुपदश्च महारथः।। ४।।

atra śūrā maheṣvāsā bhīmārjunasamā yudhi|
yuyudhāno virāṭaś ca drupadaś ca mahārathaḥ|| 4||

धृष्टकेतुश्चेकितानः काशिराजश्च वीर्यवान्।
पुरुजित्कुन्तिभोजश्च शैब्यश्च नरपुंगवः।। ५।।

dhṛṣṭaketuś cekitānaḥ kāśirājaś ca vīryavān|
purujit kuntibhojaś ca śaibyaś ca narapuṃgavaḥ|| 5||

युधामन्युश्च विक्रान्त उत्तमौजाश्च वीर्यवान्।
सौभद्रो द्रौपदेयाश्च सर्व एव महारथाः।। ६।।

yudhāmanyuś ca vikrānta uttamaujāś ca vīryavān|
saubhadro draupadeyāś ca sarva eva mahārathāḥ|| 6||

अस्माकं तु विशिष्टा ये तान्निबोध द्विजोत्तम।
नायका मम सैन्यस्य संज्ञार्थं तान्ब्रवीमि ते।। ७।।

asmākaṃ tu viśiṣṭā ye tān nibodha dvijottama|
nāyakā mama sainyasya saṃjñārthaṃ tān bravīmi te|| 7||

भवान्भीष्मश्च कर्णश्च कृपश्च समितिंजयः।
अश्वत्थामा विकर्णश्च सौमदत्तिर्जयद्रथः।। ८।।[2]

bhavān bhīṣmaś ca karṇaś ca kṛpaś ca samitiṃjayaḥ|
aśvatthāmā vikarṇaś ca saumadattir jayadrathaḥ|| 8||

अन्ये च बहवः शूरा मदर्थे त्यक्तजीविताः।
नानाशस्त्रप्रहरणाः सर्वे युद्धविशारदाः।। ९।।

anye ca bahavaḥ śūrā madarthe tyaktajīvitāḥ|
nānāśastrapraharaṇāḥ sarve yuddhaviśāradāḥ|| 9||

---

[2]Alternate reading:
भवान्भीष्मश्च कर्णश्च कृपः शल्यो जयद्रथः।
अश्वत्थामा विकर्णश्च सौमदत्तिस्तथैव च।।

अपर्याप्तं तदस्माकं बलं भीष्माभिरक्षितम्।
पर्याप्तं त्विदमेतेषां बलं भीमाभिरक्षितम्।। १०।।[3]

aparyāptaṃ tad asmākaṃ balaṃ bhīṣmābhirakṣitam|
paryāptaṃ tv idam eteṣāṃ balaṃ bhīmābhirakṣitam|| 10||

अयनेषु च सर्वेषु यथाभागमवस्थिताः।
भीष्ममेवाभिरक्षन्तु भवन्तः सर्व एव हि।। ११।।

ayaneṣu ca sarveṣu yathābhāgam avasthitāḥ|
bhīṣmam evābhirakṣantu bhavantaḥ sarva eva hi|| 11||

तस्य संजनयन्हर्षं कुरुवृद्धः पितामहः।
सिंहनादं विनद्योच्चैः शङ्खं दध्मौ प्रतापवान्।। १२।।

tasya saṃjanayan harṣaṃ kuruvṛddhaḥ pitāmahaḥ|
siṃhanādaṃ vinadyoccaiḥ śaṅkhaṃ dadhmau pratāpavān|| 12||

ततः शङ्खाश्च भेर्यश्च पणवानकगोमुखाः।
सहसैवाभ्यहन्यन्त स शब्दस्तुमुलो ऽभवत्।। १३।।

tataḥ śaṅkhāś ca bheryaś ca paṇavānakagomukhāḥ|
sahasaivābhyahanyanta sa śabdas tumulo 'bhavat|| 13||

ततः श्वेतैर्हयैर्युक्ते महति स्यन्दने स्थितौ।
माधवः पाण्डवश्चैव दिव्यौ शङ्खौ प्रदध्मतुः।। १४।।

tataḥ śvetair hayair yukte mahati syandane sthitau|
mādhavaḥ pāṇḍavaś caiva divyau śaṅkhau pradadhmatuḥ|| 14||

पाञ्चजन्यं हृषीकेशो देवदत्तं धनंजयः।
पौण्ड्रं दध्मौ महाशङ्खं भीमकर्मा वृकोदरः।। १५।।

pāñcajanyaṃ hṛṣīkeśo devadattaṃ dhanaṃjayaḥ|
pauṇḍraṃ dadhmau mahāśaṅkhaṃ bhīmakarmā vṛkodaraḥ|| 15||

---

[3]Alternate reading:
अपर्याप्तं तदस्माकं बलं भीमाभिरक्षितम्।
पर्याप्तं त्विदमेतेषां बलं भीष्माभिरक्षितम्।।

अनन्तविजयं राजा कुन्तीपुत्रो युधिष्ठिरः।
नकुलः सहदेवश्च सुघोषमणिपुष्पकौ।। १६।।

anantavijayaṃ rājā kuntīputro yudhiṣṭhiraḥ|
nakulaḥ sahadevaś ca sughoṣamaṇipuṣpakau|| 16||

काश्यश्च परमेष्वासः शिखण्डी च महारथः।
धृष्टद्युम्नो विराटश्च सात्यकिश्चापराजितः।। १७।।

kāśyaś ca parameṣvāsaḥ śikhaṇḍī ca mahārathaḥ|
dhṛṣṭadyumno virāṭaś ca sātyakiś cāparājitaḥ|| 17||

द्रुपदो द्रौपदेयाश्च सर्वशः पृथिवीपते।[4]
सौभद्रश्च महाबाहुः शङ्खान्दध्मुः पृथक्पृथक्।। १८।।

drupado draupadeyāś ca sarvaśaḥ pṛthivīpate|
saubhadraś ca mahābāhuḥ śaṅkhān dadhmuḥ pṛthak pṛthak|| 18||

स घोषो धार्तराष्ट्राणां हृदयानि व्यदारयत्।
नभश्च पृथिवीं चैव तुमुलो व्यनुनादयन्[5]।। १९।।

sa ghoṣo dhārtarāṣṭrāṇāṃ hṛdayāni vyadārayat|
nabhaś ca pṛthivīṃ caiva tumulo vyanunādayan|| 19||

अथ व्यवस्थितान्दृष्ट्वा धार्तराष्ट्रान्कपिध्वजः।
प्रवृत्ते शस्त्रसंपाते धनुरुद्यम्य पाण्डवः।। २०।।

atha vyavasthitān dṛṣṭvā dhārtarāṣṭrān kapidhvajaḥ|
pravṛtte śastrasampāte dhanur udyamya pāṇḍavaḥ|| 20||

हृषीकेशं तदा वाक्यमिदमाह महीपते।
सेनयोरुभयोर्मध्ये रथं स्थापय मेऽच्युत।। २१।।

---

[4]Alternate reading for this line:
पाञ्चालश्च महेष्वासो द्रौपदेयाश्च पञ्च ये।

[5]Alternate: व्यनुनादयत्

hṛṣīkeśaṃ tadā vākyam idam āha mahīpate|
senayor ubhayor madhye rathaṃ sthāpaya me 'cyuta|| 21||

यावदेतान् निरीक्षे ऽहं योद्धुकामानवस्थितान्।
कैर्मया सह योद्धव्यमस्मिन् रणसमुद्यमे।। २२।।

yāvad etān nirīkṣe 'haṃ yoddhukāmān avasthitān|
kair mayā saha yoddhavyam asmin raṇasamudyame|| 22||

योत्स्यमानानवेक्षे ऽहं य एते ऽत्र समागताः।
धार्तराष्ट्रस्य दुर्बुद्धेर्युद्धे प्रियचिकीर्षवः।। २३।।

yotsyamānān avekṣe 'haṃ ya ete 'tra samāgatāḥ|
dhārtarāṣṭrasya durbuddher yuddhe priyacikīrṣavaḥ|| 23||

सञ्जय उवाच

एवमुक्तो हृषीकेशो गुडाकेशेन भारत।
सेनयोरुभयोर्मध्ये स्थापयित्वा रथोत्तमम्।। २४।।

sañjaya uvāca

evam ukto hṛṣīkeśo guḍākeśena bhārata|
senayor ubhayor madhye sthāpayitvā rathottamam|| 24||

भीष्मद्रोणप्रमुखतः सर्वेषां च महीक्षिताम्।
उवाच पार्थ पश्यैतान्समवेतान्कुरूनिति।। २५।।

bhīṣmadroṇapramukhataḥ sarveṣāṃ ca mahīkṣitām|
uvāca pārtha paśyaitān samavetān kurūn iti|| 25||

तत्रापश्यत्स्थितान् पार्थः पितॄनथ पितामहान्।
आचार्यान्मातुलान्भ्रातॄन्पुत्रान्पौत्रान्सखींस्तथा।
श्वशुरान्सुहृदश्चैव सेनयोरुभयोरपि।। २६।।

tatrāpaśyat sthitān pārthaḥ pitṝn atha pitāmahān|
ācāryān mātulān bhrātṝn putrān pautrān sakhīṃs tathā|
śvaśurān suhṛdaś caiva senayor ubhayor api|| 26||

तान्समीक्ष्य स कौन्तेयः सर्वान्बन्धूनवस्थितान्।
कृपया परयाविष्टो विषीदन्निदमब्रवीत्।।[6] २७।।

tān samīkṣya sa kaunteyaḥ sarvān bandhūn avasthitān|
kṛpayā parayāviṣṭo viṣīdann idam abravīt|| 27||

अर्जुन उवाच

दृष्ट्वेमं स्वजनं कृष्ण युयुत्सुं समुपस्थितम्।[7]
सीदन्ति मम गात्राणि मुखं च परिशुष्यति।। २८।।

arjuna uvāca

dṛṣṭvemaṃ svajanaṃ kṛṣṇa yuyutsuṃ samupasthitam|
sīdanti mama gātrāṇi mukhaṃ ca pariśuṣyati|| 28||

वेपथुश्च शरीरे मे रोमहर्षश्च जायते।
गाण्डीवं स्रंसते[8] हस्तात्त्वक्चैव परिदह्यते।। २९।।

vepathuś ca śarīre me romaharṣaś ca jāyate|
sraṃsate gāṇḍīvaṃ hastāt tvak caiva paridahyate|| 29||

न च शक्नोम्यवस्थातुं भ्रमतीव च मे मनः।
निमित्तानि च पश्यामि विपरीतानि केशव।। ३०।।

na ca śaknomy avasthātuṃ bhramatīva ca me manaḥ|
nimittāni ca paśyāmi viparītāni keśava|| 30||

न च श्रेयो ऽनुपश्यामि हत्वा स्वजनमाहवे।। ३१।।

na ca śreyo 'nupaśyāmi hatvā svajanam āhave|| 31||

न काङ्क्षे विजयं कृष्ण न च राज्यं सुखानि च।
किं नो राज्येन गोविन्द किं भोगैर्जीवितेन वा।। ३२।।

[6] Alternate: सीदमानो ऽब्रवीदिदम्।।
[7] Alternate reading: दृष्ट्वेमान्स्वजनान्कृष्ण युयुत्सून्समुपस्थितान्।
[8] Alternate: स्रंसते गाण्डीवं

na kāṅkṣe vijayaṃ kṛṣṇa na ca rājyaṃ sukhāni ca|
kiṃ no rājyena govinda kiṃ bhogair jīvitena vā|| 32||

येषामर्थे काङ्क्षितं नो राज्यं भोगाः सुखानि च।
त इमे ऽवस्थिता युद्धे[9] प्राणांस्त्यक्त्वा धनानि च[10] ।। ३३।।

yeṣām arthe kāṅkṣitaṃ no rājyaṃ bhogāḥ sukhāni ca|
ta ime 'vasthitā yuddhe prāṇāṃs tyaktvā dhanāni ca|| 33||

आचार्याः पितरः पुत्रास्तथैव च पितामहाः।
मातुलाः श्वशुराः पौत्राः श्यालाः संबन्धिनस्तथा।। ३४।।

ācāryāḥ pitaraḥ putrās tathaiva ca pitāmahāḥ|
mātulāḥ śvaśurāḥ pautrāḥ śyālāḥ saṃbandhinas tathā|| 34||

एतान्न हन्तुमिच्छामि घ्नतो ऽपि मधुसूदन।
अपि त्रैलोक्यराज्यस्य हेतोः किं नु महीकृते।। ३५।।

etān na hantum icchāmi ghnato 'pi madhusūdana|
api trailokyarājyasya hetoḥ kiṃ nu mahīkṛte|| 35||

निहत्य धार्तराष्ट्रान्नः का प्रीतिः स्याज्जनार्दन।
पापमेवाश्रयेदस्मान्हत्वैतानाततायिनः।। ३६।।

nihatya dhārtarāṣṭrān naḥ kā prītiḥ syāj janārdana|
pāpam evāśrayed asmān hatvaitān ātatāyinaḥ|| 36||

तस्मान्नार्हा वयं हन्तुं धार्तराष्ट्रान्स्वबान्धवान्।[11]
स्वजनं हि कथं हत्वा सुखिनः स्याम माधव।। ३७।।

tasmān nārhā vayaṃ hantuṃ dhārtarāṣṭrān svabāndhavān|
svajanaṃ hi kathaṃ hatvā sukhinaḥ syāma mādhava|| 37||

यद्यप्येते न पश्यन्ति लोभोपहतचेतसः।
कुलक्षयकृतं दोषं मित्रद्रोहे च पातकम्।। ३८।।

---

[9] Alternate: त एव नः स्थिता योद्धुं
[10] Alternate: सुदुस्त्यजान्
[11] Alternate reading: सबान्धवान्

yady apy ete na paśyanti lobhopahatacetasaḥ|
kulakṣayakṛtaṃ doṣaṃ mitradrohe ca pātakam|| 38||

कथं न ज्ञेयमस्माभिः पापादस्मान्निवर्तितुम्।
कुलक्षयकृतं दोषं प्रपश्यद्भिर्जनार्दन।। ३९।।

kathaṃ na jñeyam asmābhiḥ pāpād asmān nivartitum|
kulakṣayakṛtaṃ doṣaṃ prapaśyadbhir janārdana|| 39||

कुलक्षये प्रणश्यन्ति कुलधर्माः सनातनाः।
धर्मे नष्टे कुलं कृत्स्नमधर्मोऽभिभवत्युत।। ४०।।

kulakṣaye praṇaśyanti kuladharmāḥ sanātanāḥ|
dharme naṣṭe kulaṃ kṛtsnam adharmo 'bhibhavaty uta|| 40||

अधर्माभिभवात्कृष्ण प्रदुष्यन्ति कुलस्त्रियः।
स्त्रीषु दुष्टासु वार्ष्णेय जायते वर्णसंकरः।। ४१।।

adharmābhibhavāt kṛṣṇa praduṣyanti kulastriyaḥ|
strīṣu duṣṭāsu vārṣṇeya jāyate varṇasaṃkaraḥ|| 41||

संकरो नरकायैव कुलघ्नानां कुलस्य च।
पतन्ति पितरो ह्येषां लुप्तपिण्डोदकक्रियाः।। ४२।।

saṃkaro narakāyaiva kulaghnānāṃ kulasya ca|
patanti pitaro hy eṣāṃ luptapiṇḍodakakriyāḥ|| 42||

दोषैरेतैः कुलघ्नानां वर्णसंकरकारकैः।
उत्साद्यन्ते जातिधर्माः कुलधर्माश्च शाश्वताः।। ४३।।

doṣair etaiḥ kulaghnānāṃ varṇasaṃkarakārakaiḥ|
utsādyante jātidharmāḥ kuladharmāś ca śāśvatāḥ|| 43||

उत्सन्नकुलधर्माणां मनुष्याणां जनार्दन।
नरके नियतं वासो भवतीत्यनुशुश्रुम।। ४४।।

utsannakuladharmāṇāṃ manuṣyāṇāṃ janārdana|
narake niyataṃ vāso bhavatīty anuśuśruma|| 44||

अहो बत महत् पापं कर्तुं व्यवसिता वयम्।
यद्राज्यसुखलोभेन हन्तुं स्वजनमुद्यताः।। ४५।।

aho bata mahat pāpaṃ kartuṃ vyavasitā vayam|
yad rājyasukhalobhena hantuṃ svajanam udyatāḥ|| 45||

यदि मामप्रतीकारमशस्त्रं शस्त्रपाणयः।
धार्तराष्ट्रा रणे हन्युस्तन्मे क्षेमतरं भवेत्।। ४६।।

yadi mām apratīkāram aśastraṃ śastrapāṇayaḥ|
dhārtarāṣṭrā raṇe hanyus tan me kṣemataraṃ bhavet|| 46||

सञ्जय उवाच

एवमुक्त्वार्जुनः संख्ये रथोपस्थ उपाविशत्।
विसृज्य सशरं चापं शोकसंविग्नमानसः।। ४७।।

sañjaya uvāca

evam uktvārjunaḥ saṃkhye rathopastha upāviśat|
visṛjya saśaraṃ cāpaṃ śokasaṃvignamānasaḥ|| 47||

Chapter Two: साङ्ख्ययोगः

संजय उवाच

तं तथा कृपयाविष्टमश्रुपूर्णाकुलेक्षणम्।
विषीदन्तमिदं[12] वाक्यमुवाच मधुसूदनः।। १।।

saṃjaya uvāca

taṃ tathā kṛpayāviṣṭam aśrupūrṇākulekṣaṇam|
viṣīdantam idaṃ vākyam uvāca madhusūdanaḥ|| 1||

श्रीभगवानुवाच

कुतस्त्वा कश्मलमिदं विषमे समुपस्थितम्।
अनार्यजुष्टमस्वर्ग्यमकीर्तिकरमर्जुन।। २।।

śrībhagavān uvāca

kutastvā kaśmalam idaṃ viṣame samupasthitam|
anāryajuṣṭam asvargyam akīrtikaram arjuna|| 2||

क्लैब्यं मा स्म गमः पार्थ[13] नैतत्त्वय्युपपद्यते।
क्षुद्रं हृदयदौर्बल्यं त्यक्त्वोत्तिष्ठ परंतप।। ३।।

[12]Alternate: सीदमानमिदं
[13]Alternate: मा क्लैब्यं गच्छ कौन्तेय

klaibyaṃ mā sma gamaḥ pārtha naitat tvayy upapadyate|
kṣudraṃ hṛdayadaurbalyaṃ tyaktvottiṣṭha paraṃtapa|| 3||

अर्जुन उवाच

कथं भीष्ममहं संख्ये द्रोणं च मधुसूदन।
इषुभिः प्रतियोत्स्यामि पूजार्हावरिसूदन।। ४।।

arjuna uvāca

kathaṃ bhīṣmam ahaṃ saṃkhye droṇaṃ ca madhusūdana|
iṣubhiḥ pratiyotsyāmi pūjārhāv arisūdana|| 4||

गुरूनहत्वा हि महानुभावान्
श्रेयो भोक्तुं[14] भैक्ष्यमपीह लोके।
हत्वार्थकामांस्तु गुरूनिहैव
भुञ्जीय भोगान्रुधिरप्रदिग्धान्।। ५।।

gurūn ahatvā hi mahānubhāvān
śreyo bhoktuṃ bhaikṣyam apīha loke|
hatvārthakāmāṃs tu gurūn ihaiva
bhuñjīya bhogān rudhirapradigdhān|| 5||

न चैतद्विद्मः कतरन् नो गरीयो
यद्वा जयेम यदि वा नो जयेयुः।
यानेव हत्वा न जिजीविषामस्
ते ऽवस्थिताः[15] प्रमुखे धार्तराष्ट्राः।। ६।।

na caitad vidmaḥ kataran no garīyo
yad vā jayema yadi vā no jayeyuḥ|
yān eva hatvā na jijīviṣāmas
te 'vasthitāḥ pramukhe dhārtarāṣṭrāḥ|| 6||

कार्पण्यदोषोपहतस्वभावः
पृच्छामि त्वां धर्मसंमूढचेताः।

---

[14]Alternate: श्रेयश्चर्तुं
[15]Alternate: ते नः स्थिताः

यच्छ्रेयः स्यान्निश्चितं ब्रूहि तन्मे
शिष्यस्ते ऽहं शाधि मां त्वां प्रपन्नम्।। ७।।

kārpaṇyadoṣopahatasvabhāvaḥ
pṛcchāmi tvāṃ dharmasaṃmūḍhacetāḥ|
yac chreyaḥ syān niścitaṃ brūhi tan me
śiṣyas te 'haṃ śādhi māṃ tvāṃ prapannam|| 7||

न हि प्रपश्यामि ममापनुद्याद्
यच्छोकमुच्छोषणमिन्द्रियाणाम्।
अवाप्य भूमावसपत्नमृद्धं
राज्यं सुराणामपि चाधिपत्यम्।। ८।।

na hi prapaśyāmi mamāpanudyād
yac chokam ucchoṣaṇam indriyāṇām|
avāpya bhūmāv asapatnam ṛddhaṃ
rājyaṃ surāṇām api cādhipatyam|| 8||

संजय उवाच

एवमुक्त्वा हृषीकेशं गुडाकेशः परंतपः।
न योत्स्य इति गोविन्दमुक्त्वा तूष्णीं बभूव ह।। ९।।

saṃjaya uvāca

evam uktvā hṛṣīkeśaṃ guḍākeśaḥ paraṃtapaḥ|
na yotsya iti govindam uktvā tūṣṇīṃ babhūva ha|| 9||

तमुवाच हृषीकेशः प्रहसन्निव भारत।
सेनयोरुभयोर्मध्ये विषीदन्तमिदं वचः।। १०।।

tam uvāca hṛṣīkeśaḥ prahasann iva bhārata|
senayor ubhayor madhye viṣīdantam idaṃ vacaḥ|| 10||

श्रीभगवानुवाच

अशोच्यानन्वशोचस्त्वं प्रज्ञावादांश्च भाषसे।
गतासूनगतासूंश्च नानुशोचन्ति पण्डिताः।। ११।।

śrībhagavān uvāca

aśocyān anvaśocas tvaṃ prajñāvādāṃś ca bhāṣase|
gatāsūn agatāsūṃś ca nānuśocanti paṇḍitāḥ|| 11||

न त्वेवाहं[16] जातु नासं न त्वं नेमे जनाधिपाः।
न चैव न भविष्यामः सर्वे वयमतः परम्।। १२।।

na tv evāhaṃ jātu nāsaṃ na tvaṃ neme janādhipāḥ|
na caiva na bhaviṣyāmaḥ sarve vayam ataḥ param|| 12||

देहिनो ऽस्मिन् यथा देहे कौमारं यौवनं जरा।
तथा देहान्तरप्राप्तिर्धीरस्तत्र न मुह्यति।। १३।।

dehino 'smin yathā dehe kaumāraṃ yauvanaṃ jarā|
tathā dehāntaraprāptir dhīras tatra na muhyati|| 13||

मात्रास्पर्शास्तु कौन्तेय शीतोष्णसुखदुःखदाः।
आगमापायिनो ऽनित्यास्तांस्तितिक्षस्व भारत।। १४।।

mātrāsparśās tu kaunteya śītoṣṇasukhaduḥkhadāḥ|
āgamāpāyino 'nityās tāṃs titikṣasva bhārata|| 14||

यं हि न व्यथयन्त्येते पुरुषं पुरुषर्षभ।
समदुःखसुखं धीरं सो ऽमृतत्वाय कल्पते।। १५।।

yaṃ hi na vyathayanty ete puruṣaṃ puruṣarṣabha|
samaduḥkhasukhaṃ dhīraṃ so 'mṛtatvāya kalpate|| 15||

नासतो विद्यते भावो नाभावो विद्यते सतः।
उभयोरपि दृष्टो ऽन्तस्त्वनयोस्तत्त्वदर्शिभिः।। १६।।

nāsato vidyate bhāvo nābhāvo vidyate sataḥ|
ubhayor api dṛṣṭo 'ntas tv anayos tattvadarśibhiḥ|| 16||

अविनाशि तु तद्विद्धि येन सर्वमिदं ततम्।
विनाशमव्ययस्यास्य न कश्चित्कर्तुमर्हति।। १७।।

---

[16] Alternate: न ह्येवाहम्

avināśi tu tad viddhi yena sarvam idaṃ tatam|
vināśam avyayasyāsya na kaścit kartum arhati|| 17||

अन्तवन्त इमे देहा नित्यस्योक्ताः शरीरिणः।
अनाशिनो ऽप्रमेयस्य तस्माद्युध्यस्व भारत।। १८।।

antavanta ime dehā nityasyoktāḥ śarīriṇaḥ|
anāśino 'prameyasya tasmād yudhyasva bhārata|| 18||

य एनं वेत्ति हन्तारं यश्चैनं मन्यते हतम्।
उभौ तौ न विजानीतो नायं हन्ति न हन्यते।। १९।।

ya enaṃ vetti hantāraṃ yaś cainaṃ manyate hatam|
ubhau tau na vijānīto nāyaṃ hanti na hanyate|| 19||

न जायते म्रियते वा कदाचिन्
नायं भूत्वा भविता वा न भूयः।
अजो नित्यः शाश्वतो ऽयं पुराणो
न हन्यते हन्यमाने शरीरे।। २०।।

na jāyate mriyate vā kadācin
nāyaṃ bhūtvā bhavitā vā na bhūyaḥ|
ajo nityaḥ śāśvato 'yaṃ purāṇo
na hanyate hanyamāne śarīre|| 20||

वेदाविनाशिनं नित्यं य एनमजमव्ययम्।
कथं स पुरुषः पार्थ कं घातयति हन्ति कम्।। २१।।

vedāvināśinaṃ nityaṃ ya enam ajam avyayam|
kathaṃ sa puruṣaḥ pārtha kaṃ ghātayati hanti kam|| 21||

वासांसि जीर्णानि यथा विहाय
नवानि गृह्णाति नरो ऽपराणि।
तथा शरीराणि विहाय जीर्णा
न्यन्यानि संयाति नवानि देही।। २२।।

vāsāṃsi jīrṇāni yathā vihāya
navāni gṛhṇāti naro 'parāṇi|

tathā śarīrāṇi vihāya jīrṇāni
anyāni saṃyāti navāni dehī|| 22||

नैनं छिन्दन्ति शस्त्राणि नैनं दहति पावकः।
न चैनं क्लेदयन्त्यापो न शोषयति मारुतः।। २३।।

nainaṃ chindanti śastrāṇi nainaṃ dahati pāvakaḥ|
na cainaṃ kledayanty āpo na śoṣayati mārutaḥ|| 23||

अच्छेद्यो ऽयमदाह्यो ऽयमक्लेद्यो ऽशोष्य एव च।
नित्यः सर्वगतः स्थाणुरचलो ऽयं सनातनः।। २४।।

acchedyo 'yam adāhyo 'yam akledyo 'śoṣya eva ca|
nityaḥ sarvagataḥ sthāṇur acalo 'yaṃ sanātanaḥ|| 24||

अव्यक्तो ऽयमचिन्त्यो ऽयमविकार्यो ऽयमुच्यते।
तस्मादेवं विदित्वैनं नानुशोचितुमर्हसि।। २५।।

avyakto 'yam acintyo 'yam avikāryo 'yam ucyate|
tasmād evaṃ viditvainaṃ nānuśocitum arhasi|| 25||

अथ चैनं नित्यजातं नित्यं वा मन्यसे मृतम्।
तथापि त्वं महाबाहो नैवं[17] शोचितुम् अर्हसि।। २६।।

atha cainaṃ nityajātaṃ nityaṃ vā manyase mṛtam|
tathāpi tvaṃ mahābāho naivaṃ śocitum arhasi|| 26||

जातस्य हि ध्रुवो मृत्युर्ध्रुवं जन्म मृतस्य च।
तस्मादपरिहार्ये ऽर्थे न त्वं शोचितुमर्हसि।। २७।।

jātasya hi dhruvo mṛtyur dhruvaṃ janma mṛtasya ca|
tasmād aparihārye 'rthe na tvaṃ śocitum arhasi|| 27||

अव्यक्तादीनि भूतानि व्यक्तमध्यानि भारत।
अव्यक्तनिधनान्येव तत्र का परिदेवना।। २८।।

---

[17] Alternate: नैनं

avyaktādīni bhūtāni vyaktamadhyāni bhārata|
avyaktanidhanāny eva tatra kā paridevanā|| 28||

आश्चर्यवत्पश्यति कश्चिदेनम्
आश्चर्यवद्वदति तथैव चान्यः।
आश्चर्यवच्चैनमन्यः शृणोति
श्रुत्वाप्येनं वेद न चैव कश्चित्।। २९।।

āścaryavat paśyati kaścid enam
āścaryavad vadati tathaiva cānyaḥ|
āścaryavac cainam anyaḥ śṛṇoti
śrutvāpy enaṃ veda na caiva kaścit|| 29||

देही नित्यमवध्यो ऽयं देहे सर्वस्य भारत।
तस्मात्सर्वाणि भूतानि न त्वं शोचितुमर्हसि।। ३०।।

dehī nityam avadhyo 'yaṃ dehe sarvasya bhārata|
tasmāt sarvāṇi bhūtāni na tvaṃ śocitum arhasi|| 30||

स्वधर्ममपि चावेक्ष्य न विकम्पितुमर्हसि।
धर्म्याद्धि युद्धाच्छ्रेयो ऽन्यत्क्षत्रियस्य न विद्यते।। ३१।

svadharmam api cāvekṣya na vikampitum arhasi|
dharmyād dhi yuddhāc chreyo 'nyat kṣatriyasya na vidyate|| 31|

यदृच्छया चोपपन्नं स्वर्गद्वारमपावृतम्।
सुखिनः क्षत्रियाः पार्थ लभन्ते युद्धमीदृशम्।। ३२।।

yadṛcchayā copapannaṃ svargadvāram apāvṛtam|
sukhinaḥ kṣatriyāḥ pārtha labhante yuddham īdṛśam|| 32||

अथ चेत्त्वम् इमं धर्म्यं संग्रामं न करिष्यसि।
ततः स्वधर्मं कीर्तिं च हित्वा पापमवाप्स्यसि।। ३३।।

atha cet tvam imaṃ dharmyaṃ saṃgrāmaṃ na kariṣyasi|
tataḥ svadharmaṃ kīrtiṃ ca hitvā pāpam avāpsyasi|| 33||

अकीर्तिं चापि भूतानि कथयिष्यन्ति ते ऽव्ययाम्।
संभावितस्य चाकीर्तिर् मरणाद् अतिरिच्यते।। ३४।।

akīrtiṃ cāpi bhūtāni kathayiṣyanti te 'vyayām|
saṃbhāvitasya cākīrtir maraṇād atiricyate|| 34||

भयाद्रणादुपरतं मंस्यन्ते त्वां महारथाः।
येषां च त्वं बहुमतो भूत्वा यास्यसि लाघवम्।। ३५।।

bhayād raṇād uparataṃ maṃsyante tvāṃ mahārathāḥ|
yeṣāṃ ca tvaṃ bahumato bhūtvā yāsyasi lāghavam|| 35||

अवाच्यवादांश्च बहून्वदिष्यन्ति तवाहिताः।
निन्दन्तस्तव सामर्थ्यं ततो दुःखतरं नु किम्।। ३६।।

avācyavādāṃś ca bahūn vadiṣyanti tavāhitāḥ|
nindantas tava sāmarthyaṃ tato duḥkhataraṃ nu kim|| 36||

हतो वा प्राप्स्यसि स्वर्गं जित्वा वा भोक्ष्यसे महीम्।
तस्मादुत्तिष्ठ कौन्तेय युद्धाय कृतनिश्चयः।। ३७।।

hato vā prāpsyasi svargaṃ jitvā vā bhokṣyase mahīm|
tasmād uttiṣṭha kaunteya yuddhāya kṛtaniścayaḥ|| 37||

सुखदुःखे समे कृत्वा लाभालाभौ जयाजयौ।
ततो युद्धाय युज्यस्व नैवं पापमवाप्स्यसि।। ३८।।

sukhaduḥkhe same kṛtvā lābhālābhau jayājayau|
tato yuddhāya yujyasva naivaṃ pāpam avāpsyasi|| 38||

एषा ते ऽभिहिता सांख्ये बुद्धिर्योगे त्विमां शृणु।
बुध्या युक्तो यया पार्थ कर्मबन्धं प्रहास्यसि।। ३९।।

eṣā te 'bhihitā sāṃkhye buddhir yoge tv imāṃ śṛṇu|
buddhyā yukto yayā pārtha karmabandhaṃ prahāsyasi|| 39||

नेहाभिक्रमनाशो ऽस्ति प्रत्यवायो न विद्यते।
स्वल्पमप्यस्य धर्मस्य त्रायते महतो भयात्।। ४०।।

nehābhikramanāśo 'sti pratyavāyo na vidyate|
svalpam apy asya dharmasya trāyate mahato bhayāt|| 40||

व्यवसायात्मिका बुद्धिरेकेह कुरुनन्दन।
बहुशाखा ह्यनन्ताश्च बुद्धयो ऽव्यवसायिनाम्।। ४१।।

vyavasāyātmikā buddhir ekeha kurunandana|
bahuśākhā hy anantāś ca buddhayo 'vyavasāyinām|| 41||

यामिमां पुष्पितां वाचं प्रवदन्त्यविपश्चितः।
वेदवादरताः पार्थ नान्यदस्तीति वादिनः।। ४२।।

yām imāṃ puṣpitāṃ vācaṃ pravadanty avipaścitaḥ|
vedavādaratāḥ pārtha nānyad astīti vādinaḥ|| 42||

कामात्मानः स्वर्गपरा जन्मकर्मफलप्रदाम्।
क्रियाविशेषबहुलां भोगैश्वर्यगतिं प्रति।। ४३।।

kāmātmānaḥ svargaparā janmakarmaphalapradām|
kriyāviśeṣabahulāṃ bhogaiśvaryagatiṃ prati|| 43||

भोगैश्वर्यप्रसक्तानां तयापहृतचेतसाम्।
व्यवसायात्मिका बुद्धिः समाधौ न विधीयते।। ४४।।

bhogaiśvaryaprasaktānāṃ tayāpahṛtacetasām|
vyavasāyātmikā buddhiḥ samādhau na vidhīyate|| 44||

त्रैगुण्यविषया वेदा निस्त्रैगुण्यो भवार्जुन।
निर्द्वन्द्वो नित्यसत्त्वस्थो निर्योगक्षेम आत्मवान्।। ४५।।

traiguṇyaviṣayā vedā nistraiguṇyo bhavārjuna|
nirdvandvo nityasattvastho niryogakṣema ātmavān|| 45||

यावानर्थ उदपाने सर्वतः संप्लुतोदके।
तावान्सर्वेषु वेदेषु ब्राह्मणस्य विजानतः।। ४६।।

yāvān artha udapāne sarvataḥ saṃplutodake|
tāvān sarveṣu vedeṣu brāhmaṇasya vijānataḥ|| 46||

कर्मण्येवाधिकारस्ते मा फलेषु कदाचन।
मा कर्मफलहेतुर्भूर्मा ते सङ्गो ऽस्त्वकर्मणि।। ४७।।

karmaṇy evādhikāras te mā phaleṣu kadācana|
mā karmaphalahetur bhūr mā te saṅgo 'stv akarmaṇi|| 47||

योगस्थः कुरु कर्माणि सङ्गं त्यक्त्वा धनंजय।
सिद्ध्यसिद्ध्योः समो भूत्वा समत्वं योग उच्यते।। ४८।।

yogasthaḥ kuru karmāṇi saṅgaṃ tyaktvā dhanaṃjaya|
siddhyasiddhyoḥ samo bhūtvā samatvaṃ yoga ucyate|| 48||

दूरेण ह्यवरं कर्म बुद्धियोगाद्धनंजय।
बुद्धौ शरणमन्विच्छ कृपणाः फलहेतवः।। ४९।।

dūreṇa hy avaraṃ karma buddhiyogād dhanaṃjaya|
buddhau śaraṇam anviccha kṛpaṇāḥ phalahetavaḥ|| 49||

बुद्धियुक्तो जहातीह उभे सुकृतदुष्कृते।
तस्माद्योगाय युज्यस्व योगः कर्मसु कौशलम्।। ५०।।

buddhiyukto jahātīha ubhe sukṛtaduṣkṛte|
tasmād yogāya yujyasva yogaḥ karmasu kauśalam|| 50||

कर्मजं बुद्धियुक्ता हि फलं त्यक्त्वा मनीषिणः।
जन्मबन्धविनिर्मुक्ताः पदं गच्छन्त्यनामयम्।। ५१।।

karmajaṃ buddhiyuktā hi phalaṃ tyaktvā manīṣiṇaḥ|
janmabandhavinirmuktāḥ padaṃ gacchanty anāmayam|| 51||

यदा ते मोहकलिलं बुद्धिर्व्यतितरिष्यति।
तदा गन्तासि निर्वेदं श्रोतव्यस्य श्रुतस्य च।। ५२।।

yadā te mohakalilaṃ buddhir vyatitariṣyati|
tadā gantāsi nirvedaṃ śrotavyasya śrutasya ca|| 52||

श्रुतिविप्रतिपन्ना ते यदा स्थास्यति निश्चला।
समाधावचला बुद्धिस्तदा योगमवाप्स्यसि।। ५३।।

śrutivipratipannā te yadā sthāsyati niścalā|
samādhāv acalā buddhis tadā yogam avāpsyasi|| 53||

अर्जुन उवाच

स्थितप्रज्ञस्य[18] का भाषा समाधिस्थस्य केशव।
स्थितधीः[19] किं प्रभाषेत किमासीत व्रजेत किम्।। ५४।।

arjuna uvāca

sthitaprajñasya kā bhāṣā samādhisthasya keśava|
sthitadhīḥ kiṃ prabhāṣeta kim āsīta vrajeta kim|| 54||

श्रीभगवानुवाच

प्रजहाति यदा कामान् सर्वान् पार्थ मनोगतान्।
आत्मन्येवात्मना तुष्टः स्थितप्रज्ञस्तदोच्यते।। ५५।।

śrībhagavān uvāca

prajahāti yadā kāmān sarvān pārtha manogatān|
ātmany evātmanā tuṣṭaḥ sthitaprajñas tadocyate|| 55||

दुःखेष्वनुद्विग्नमनाः सुखेषु विगतस्पृहः।
वीतरागभयक्रोधः स्थितधीर्मुनिरुच्यते।। ५६।।

duḥkheṣv anudvignamanāḥ sukheṣu vigataspṛhaḥ|
vītarāgabhayakrodhaḥ sthitadhīr munir ucyate|| 56||

यः सर्वत्रानभिस्नेहस्तत्तत् प्राप्य शुभाशुभम्।
नाभिनन्दति न द्वेष्टि तस्य प्रज्ञा प्रतिष्ठिता।। ५७।।

yaḥ sarvatrānabhisnehas tat tat prāpya śubhāśubham|
nābhinandati na dveṣṭi tasya prajñā pratiṣṭhitā|| 57||

यदा संहरते चायं कूर्मोऽङ्गानीव सर्वशः।
इन्द्रियाणीन्द्रियार्थेभ्यस्तस्य प्रज्ञा प्रतिष्ठिता।। ५८।।

---

[18] Alternate: स्थिरप्रज्ञस्य
[19] Alternate: स्थिरधीः

yadā saṃharate cāyaṃ kūrmo 'ṅgānīva sarvaśaḥ|
indriyāṇīndriyārthebhyas tasya prajñā pratiṣṭhitā|| 58||

विषया विनिवर्तन्ते निराहारस्य देहिनः।
रसवर्जं रसो ऽप्यस्य परं दृष्ट्वा निवर्तते।। ५९।।

viṣayā vinivartante nirāhārasya dehinaḥ|
rasavarjaṃ raso 'py asya paraṃ dṛṣṭvā nivartate|| 59||

यततो ह्यपि कौन्तेय पुरुषस्य विपश्चितः।
इन्द्रियाणि प्रमाथीनि हरन्ति प्रसभं मनः।। ६०।।

yatato hy api kaunteya puruṣasya vipaścitaḥ|
indriyāṇi pramāthīni haranti prasabhaṃ manaḥ|| 60||

तानि सर्वाणि संयम्य युक्त आसीत मत्परः।
वशे हि यस्येन्द्रियाणि तस्य प्रज्ञा प्रतिष्ठिता।। ६१।।

tāni sarvāṇi saṃyamya yukta āsīta matparaḥ|
vaśe hi yasyendriyāṇi tasya prajñā pratiṣṭhitā|| 61||

ध्यायतो विषयान् पुंसः सङ्गस्तेषूपजायते।
सङ्गात्संजायते कामः कामात्क्रोधो ऽभिजायते।। ६२।।

dhyāyato viṣayān puṃsaḥ saṅgas teṣūpajāyate|
saṅgāt saṃjāyate kāmaḥ kāmāt krodho 'bhijāyate|| 62||

क्रोधाद्भवति संमोहः संमोहात्स्मृतिविभ्रमः।
स्मृतिभ्रंशाद्बुद्धिनाशो बुद्धिनाशात्प्रणश्यति।। ६३।।

krodhād bhavati saṃmohaḥ saṃmohāt smṛtivibhramaḥ|
smṛtibhraṃśād buddhināśo buddhināśāt praṇaśyati|| 63||

रागद्वेषविमुक्तैस्तु[20] विषयानिन्द्रियैश्चरन्।
आत्मवश्यैर्विधेयात्मा प्रसादमधिगच्छति।। ६४।।

[20]Alternate: वियुक्तैस्तु

rāgadveṣaviyuktais tu viṣayān indriyaiś caran|
ātmavaśyair vidheyātmā prasādam adhigacchati|| 64||

प्रसादे सर्वदुःखानां हानिरस्योपजायते|
प्रसन्नचेतसो ह्याशु बुद्धिः पर्यवतिष्ठते|| ६५||

prasāde sarvaduḥkhānāṃ hānir asyopajāyate|
prasannacetaso hy āśu buddhiḥ paryavatiṣṭhate|| 65||

नास्ति बुद्धिरयुक्तस्य न चायुक्तस्य भावना|
न चाभावयतः शान्तिरशान्तस्य कुतः सुखम्|| ६६||

nāsti buddhir ayuktasya na cāyuktasya bhāvanā|
na cābhāvayataḥ śāntir aśāntasya kutaḥ sukham|| 66||

इन्द्रियाणां हि चरतां यन्मनो ऽनुविधीयते|
तदस्य हरति प्रज्ञां वायुर्नावमिवाम्भसि|| ६७||

indriyāṇāṃ hi caratāṃ yan mano 'nuvidhīyate|
tad asya harati prajñāṃ vāyur nāvam ivāmbhasi|| 67||

तस्माद्यस्य महाबाहो निगृहीतानि सर्वशः|
इन्द्रियाणीन्द्रियार्थेभ्यस्तस्य प्रज्ञा प्रतिष्ठिता|| ६८||

tasmād yasya mahābāho nigṛhītāni sarvaśaḥ|
indriyāṇīndriyārthebhyas tasya prajñā pratiṣṭhitā|| 68||

या निशा सर्वभूतानां तस्यां जागर्ति संयमी|
यस्यां जाग्रति भूतानि सा निशा पश्यतो मुनेः|| ६९||

yā niśā sarvabhūtānāṃ tasyāṃ jāgarti saṃyamī|
yasyāṃ jāgrati bhūtāni sā niśā paśyato muneḥ|| 69||

आपूर्यमाणमचलप्रतिष्ठं
समुद्रमापः प्रविशन्ति यद्वत्|
तद्वत्कामा यं प्रविशन्ति सर्वे
स शान्तिमाप्नोति न कामकामी|| ७०||

āpūryamāṇam acalapratiṣṭhaṃ
samudram āpaḥ praviśanti yadvat|
tadvat kāmā yaṃ praviśanti sarve
sa śāntim āpnoti na kāmakāmī|| 70||

विहाय कामान् यः सर्वान्पुमांश्चरति निःस्पृहः।
निर्ममो निरहंकारः स शान्तिमधिगच्छति।। ७१।।

vihāya kāmān yaḥ sarvān pumāṃś carati niḥspṛhaḥ|
nirmamo nirahaṃkāraḥ sa śāntim adhigacchati|| 71||

एषा ब्राह्मी स्थितिः पार्थ नैनां प्राप्य विमुह्यति।
स्थित्वास्यामन्तकालेऽपि ब्रह्मनिर्वाणमृच्छति।। ७२।।

eṣā brāhmī sthitiḥ pārtha naināṃ prāpya vimuhyati|
sthitvāsyām antakāle 'pi brahmanirvāṇam ṛcchati|| 72||

Chapter Three: कर्मयोगः

अर्जुन उवाच

ज्यायसी चेत्कर्मणस्ते मता बुद्धिर्जनार्दन।
तत्किं कर्मणि घोरे मां नियोजयसि केशव।। १।।

arjuna uvāca

jyāyasī cet karmaṇas te matā buddhir janārdana|
tat kiṃ karmaṇi ghore māṃ niyojayasi keśava|| 1||

व्यामिश्रेणैव वाक्येन बुद्धिं मोहयसीव मे।
तदेकं वद निश्चित्य येन श्रेयो ऽहमाप्नुयाम्।। २।।

vyāmiśreṇaiva vākyena buddhiṃ mohayasīva me|
tad ekaṃ vada niścitya yena śreyo 'ham āpnuyām|| 2||

श्रीभगवानुवाच

लोके ऽस्मिन्द्विविधा निष्ठा पुरा प्रोक्ता मयानघ।
ज्ञानयोगेन सांख्यानां कर्मयोगेन योगिनाम्।। ३।।

śrībhagavān uvāca

loke 'smin dvividhā niṣṭhā purā proktā mayānagha|
jñānayogena sāṃkhyānāṃ karmayogena yoginām|| 3||

न कर्मणामनारम्भान्नैष्कर्म्यं पुरुषो ऽश्नुते।
न च संन्यसनादेव सिद्धिं समधिगच्छति।। ४।।

na karmaṇām anārambhān naiṣkarmyaṃ puruṣo 'śnute|
na ca saṃnyasanād eva siddhiṃ samadhigacchati|| 4||

न हि कश्चित्क्षणमपि जातु तिष्ठत्यकर्मकृत्।
कार्यते ह्यवशः कर्म सर्वः प्रकृतिजैर्गुणैः।। ५।।

na hi kaścit kṣaṇam api jātu tiṣṭhaty akarmakṛt|
kāryate hy avaśaḥ karma sarvaḥ prakṛtijair guṇaiḥ|| 5||

कर्मेन्द्रियाणि संयम्य य आस्ते मनसा स्मरन्।
इन्द्रियार्थान् विमूढात्मा मिथ्याचारः स उच्यते।। ६।।

karmendriyāṇi saṃyamya ya āste manasā smaran|
indriyārthān vimūḍhātmā mithyācāraḥ sa ucyate|| 6||

यस्त्विन्द्रियाणि मनसा नियम्यारभते ऽर्जुन।
कर्मेन्द्रियैः कर्मयोगमसक्तः स विशिष्यते।। ७।।

yas tv indriyāṇi manasā niyamyārabhate 'rjuna|
karmendriyaiḥ karmayogam asaktaḥ sa viśiṣyate|| 7||

नियतं कुरु कर्म त्वं कर्म ज्यायो ह्यकर्मणः।
शरीरयात्रापि च ते न प्रसिध्येदकर्मणः।। ८।।

niyataṃ kuru karma tvaṃ karma jyāyo hy akarmaṇaḥ|
śarīrayātrāpi ca te na prasidhyed akarmaṇaḥ|| 8||

यज्ञार्थात्कर्मणो ऽन्यत्र लोको ऽयं कर्मबन्धनः।
तदर्थं कर्म कौन्तेय मुक्तसङ्गः समाचर।। ९।।

yajñārthāt karmaṇo 'nyatra loko 'yaṃ karmabandhanaḥ|
tadarthaṃ karma kaunteya muktasaṅgaḥ samācara|| 9||

सहयज्ञाः प्रजाः सृष्ट्वा पुरोवाच प्रजापतिः।
अनेन प्रसविष्यध्वमेष वो ऽस्त्विष्टकामधुक्।। १०।।

sahayajñāḥ prajāḥ sṛṣṭvā purovāca prajāpatiḥ|
anena prasaviṣyadhvam eṣa vo 'stv iṣṭakāmadhuk|| 10||

देवान् भावयतानेन ते देवा भावयन्तु वः।
परस्परं भावयन्तः श्रेयः परमवाप्स्यथ।। ११।।

devān bhāvayatānena te devā bhāvayantu vaḥ|
parasparaṃ bhāvayantaḥ śreyaḥ param avāpsyatha|| 11||

इष्टान्भोगान्हि वो देवा दास्यन्ते यज्ञभाविताः।
तैर्दत्तानप्रदायैभ्यो यो भुङ्क्ते स्तेन एव सः।। १२।।

iṣṭān bhogān hi vo devā dāsyante yajñabhāvitāḥ|
tair dattān apradāyaibhyo yo bhuṅkte stena eva saḥ|| 12||

यज्ञशिष्टाशिनः सन्तो मुच्यन्ते सर्वकिल्बिषैः।
भुञ्जते ते त्वघं पापा ये पचन्त्यात्मकारणात्।। १३।।

yajñaśiṣṭāśinaḥ santo mucyante sarvakilbiṣaiḥ|
bhuñjate te tv aghaṃ pāpā ye pacanty ātmakāraṇāt|| 13||

अन्नाद्भवन्ति भूतानि पर्जन्यादन्नसंभवः।
यज्ञाद्भवति पर्जन्यो यज्ञः कर्मसमुद्भवः।। १४।।

annād bhavanti bhūtāni parjanyād annasaṃbhavaḥ|
yajñād bhavati parjanyo yajñaḥ karmasamudbhavaḥ|| 14||

कर्म ब्रह्मोद्भवं विद्धि ब्रह्माक्षरसमुद्भवम्।
तस्मात्सर्वगतं ब्रह्म नित्यं यज्ञे प्रतिष्ठितम्।। १५।।

karma brahmodbhavaṃ viddhi brahmākṣarasam udbhavam|
tasmāt sarvagataṃ brahma nityaṃ yajñe pratiṣṭhitam|| 15||

एवं प्रवर्तितं चक्रं नानुवर्तयतीह यः।
अघायुरिन्द्रियारामो मोघं पार्थ स जीवति।। १६।।

evaṃ pravartitaṃ cakraṃ nānuvartayatīha yaḥ|
aghāyur indriyārāmo moghaṃ pārtha sa jīvati|| 16||

यस्त्वात्मरतिरेव स्यादात्मतृप्तश्च मानवः।
आत्मन्येव च संतुष्टस्तस्य कार्यं न विद्यते।। १७।।

yas tv ātmaratir eva syād ātmatṛptaś ca mānavaḥ|
ātmany eva ca saṃtuṣṭas tasya kāryaṃ na vidyate|| 17||

नैव तस्य कृतेनार्थो नाकृतेनेह कश्चन।
न चास्य सर्वभूतेषु कश्चिदर्थव्यपाश्रयः।। १८।।

naiva tasya kṛtenārtho nākṛteneha kaścana|
na cāsya sarvabhūteṣu kaścid arthavyapāśrayaḥ|| 18||

तस्मादसक्तः सततं कार्यं कर्म समाचर।
असक्तो ह्याचरन् कर्म परमाप्नोति पूरुषः।। १९।।

tasmād asaktaḥ satataṃ kāryaṃ karma samācara|
asakto hy ācaran karma param āpnoti pūruṣaḥ|| 19||

कर्मणैव हि संसिद्धिमास्थिता जनकादयः।
लोकसंग्रहमेवापि संपश्यन् कर्तुमर्हसि।। २०।।

karmaṇaiva hi saṃsiddhim āsthitā janakādayaḥ|
lokasaṃgraham evāpi saṃpaśyan kartum arhasi|| 20||

यद्यदाचरति श्रेष्ठस्तत्तदेवेतरो जनः।
स यत्प्रमाणं कुरुते लोकस्तदनुवर्तते।। २१।।

yad yad ācarati śreṣṭhas tat tad evetaro janaḥ|
sa yat pramāṇaṃ kurute lokas tad anuvartate|| 21||

न मे पार्थास्ति कर्तव्यं त्रिषु लोकेषु किं चन।
नानवाप्तमवाप्तव्यं वर्त एव च कर्मणि।। २२।।

na me pārthāsti kartavyaṃ triṣu lokeṣu kiṃ cana|
nānavāptam avāptavyaṃ varta eva ca karmaṇi|| 22||

यदि ह्यहं न वर्तेयं[21] जातु कर्मण्यतन्द्रितः।
मम वर्त्मानुवर्तन्ते मनुष्याः पार्थ सर्वशः।। २३।।

---

[21] Alternate: वर्तेय

yadi hy ahaṃ na varteyaṃ jātu karmaṇy atandritaḥ|
mama vartmānuvartante manuṣyāḥ pārtha sarvaśaḥ|| 23||

उत्सीदेयुरिमे लोका न कुर्यां कर्म चेदहम्।
संकरस्य च कर्ता स्यामुपहन्यामिमाः प्रजाः।। २४।।

utsīdeyur ime lokā na kuryāṃ karma ced aham|
saṃkarasya ca kartā syām upahanyām imāḥ prajāḥ|| 24||

सक्ताः कर्मण्यविद्वांसो यथा कुर्वन्ति भारत।
कुर्याद्विद्वांस्तथासक्तश्चिकीर्षुर्लोकसंग्रहम्।। २५।।

saktāḥ karmaṇy avidvāṃso yathā kurvanti bhārata|
kuryād vidvāṃs tathāsaktaś cikīrṣur lokasaṃgraham|| 25||

न बुद्धिभेदं जनयेदज्ञानां कर्मसङ्गिनाम्।
योजयेत्[22] सर्वकर्माणि विद्वान् युक्तः समाचरन्।। २६।।

na buddhibhedaṃ janayed ajñānāṃ karmasaṅginām|
yojayet sarvakarmāṇi vidvān yuktaḥ samācaran|| 26||

प्रकृतेः क्रियमाणानि गुणैः कर्माणि सर्वशः।
अहंकारविमूढात्मा कर्ताहमिति मन्यते।। २७।।

prakṛteḥ kriyamāṇāni guṇaiḥ karmāṇi sarvaśaḥ|
ahaṃkāravimūḍhātmā kartāhamiti manyate|| 27||

तत्त्ववित्तु महाबाहो गुणकर्मविभागयोः।
गुणा गुणेषु वर्तन्त इति मत्वा न सज्जते।। २८।।

tattvavit tu mahābāho guṇakarmavibhāgayoḥ|
guṇā guṇeṣu vartanta iti matvā na sajjate|| 28||

प्रकृतेर्गुणसंमूढाः सज्जन्ते गुणकर्मसु।
तानकृत्स्नविदो मन्दान् कृत्स्नविन्न विचालयेत्।। २९।।

---

[22]Alternate: जोषयेत्

prakṛter guṇasaṃmūḍhāḥ sajjante guṇakarmasu|
tān akṛtsnavido mandān kṛtsnavin na vicālayet|| 29||

मयि सर्वाणि कर्माणि संन्यस्याध्यात्मचेतसा।
निराशीर्निर्ममो भूत्वा युध्यस्व विगतज्वरः।। ३०।।

mayi sarvāṇi karmāṇi saṃnyasyādhyātmacetasā|
nirāśīr nirmamo bhūtvā yudhyasva vigatajvaraḥ|| 30||

ये मे मतमिदं नित्यमनुतिष्ठन्ति मानवाः।
श्रद्धावन्तो ऽनसूयन्तो मुच्यन्ते ते ऽपि कर्मभिः।। ३१।।

ye me matam idaṃ nityamanutiṣṭhanti mānavāḥ|
śraddhāvanto 'nasūyanto mucyante te 'pi karmabhiḥ|| 31||

ये त्वेतदभ्यसूयन्तो नानुतिष्ठन्ति मे मतम्।
सर्वज्ञानविमूढांस्तान्विद्धि नष्टानचेतसः।। ३२।।

ye tv etad abhyasūyanto nānutiṣṭhanti me matam|
sarvajñānavimūḍhāṃs tān viddhi naṣṭān acetasaḥ|| 32||

सदृशं चेष्टते स्वस्याः प्रकृतेर्ज्ञानवानपि।
प्रकृतिं यान्ति भूतानि निग्रहः किं करिष्यति।। ३३।।

sadṛśaṃ ceṣṭate svasyāḥ prakṛter jñānavānapi|
prakṛtiṃ yānti bhūtāni nigrahaḥ kiṃ kariṣyati|| 33||

इन्द्रियस्येन्द्रियस्यार्थे रागद्वेषौ व्यवस्थितौ।
तयोर्न वशमागच्छेत्तौ ह्यस्य परिपन्थिनौ।। ३४।।

indriyasyendriyasyārthe rāgadveṣau vyavasthitau|
tayor na vaśam āgac chettau hy asya paripanthinau|| 34||

श्रेयान् स्वधर्मो विगुणः परधर्मात्स्वनुष्ठितात्।
स्वधर्मे निधनं श्रेयः परधर्मो भयावहः।। ३५।।

śreyān svadharmo viguṇaḥ paradharmāt svanuṣṭhitāt|
svadharme nidhanaṃ śreyaḥ paradharmo bhayāvahaḥ|| 35||

अर्जुन उवाच

अथ केन प्रयुक्तो ऽयं पापं चरति पूरुषः।
अनिच्छन्नपि वार्ष्णेय बलादिव नियोजितः।। ३६।।

arjuna uvāca

atha kena prayukto 'yaṃ pāpaṃ carati pūruṣaḥ|
anicchann api vārṣṇeya balād iva niyojitaḥ|| 36||

श्रीभगवानुवाच

काम एष क्रोध एष रजोगुणसमुद्भवः।
महाशनो महापाप्मा विद्ध्येनमिह वैरिणम्।। ३७।।

śrībhagavān uvāca

kāma eṣa krodha eṣa rajoguṇasamudbhavaḥ|
mahāśano mahāpāpmā viddhy enam iha vairiṇam|| 37||

धूमेनाव्रियते वह्निर्यथादर्शो मलेन च।
यथोल्बेनावृतो गर्भस्तथा तेनेदमावृतम्।। ३८।।

dhūmenāvriyate vahnir yathādarśo malena ca|
yatholbenāvṛto garbhas tathā tenedam āvṛtam|| 38||

आवृतं ज्ञानमेतेन ज्ञानिनो नित्यवैरिणा।
कामरूपेण कौन्तेय दुष्पूरेणानलेन च।। ३९।।

āvṛtaṃ jñānam etena jñānino nityavairiṇā|
kāmarūpeṇa kaunteya duṣpūreṇānalena ca|| 39||

इन्द्रियाणि मनो बुद्धिरस्याधिष्ठानमुच्यते।
एतैर्विमोहयत्येष ज्ञानमावृत्य देहिनम्।। ४०।।

indriyāṇi mano buddhir asyādhiṣṭhānam ucyate|
etair vimohayaty eṣa jñānam āvṛtya dehinam|| 40||

तस्मात्त्वमिन्द्रियाण्यादौ नियम्य भरतर्षभ।
पाप्मानं प्रजहि ह्येनं ज्ञानविज्ञाननाशनम्।। ४१।।

tasmāt tvam indriyāṇy ādau niyamya bharatarṣabha|
pāpmānaṃ prajahi hy enaṃ jñānavijñānanāśanam|| 41||

इन्द्रियाणि पराण्याहुरिन्द्रियेभ्यः परं मनः।
मनसस्तु परा बुद्धिर्यो बुद्धेः परतस्तु सः।। ४२।।

indriyāṇi parāṇy āhur indriyebhyaḥ paraṃ manaḥ|
manasas tu parā buddhir yo buddheḥ paratas tu saḥ|| 42||

एवं बुद्धेः परं बुद्ध्वा संस्तभ्यात्मानमात्मना।
जहि शत्रुं महाबाहो कामरूपं दुरासदम्।। ४३।।

evaṃ buddheḥ paraṃ buddhvā saṃstabhyātmānam ātmanā|
jahi śatruṃ mahābāho kāmarūpaṃ durāsadam|| 43||

Chapter Four: ज्ञानविभागयोगः

श्रीभगवानुवाच

इमं विवस्वते योगं प्रोक्तवानहमव्ययम्।
विवस्वान् मनवे प्राह मनुरिक्ष्वाकवे ऽब्रवीत्।। १।।

śrībhagavān uvāca

imaṃ vivasvate yogaṃ proktavān aham avyayam|
vivasvān manave prāha manur ikṣvākave 'bravīt|| 1||

एवं परम्पराप्राप्तमिमं राजर्षयो विदुः।
स कालेनेह महता योगो नष्टः परंतप।। २।।

evaṃ paramparāprāptam imaṃ rājarṣayo viduḥ|
sa kāleneha mahatā yogo naṣṭaḥ paraṃtapa|| 2||

स एवायं मया ते ऽद्य योगः प्रोक्तः पुरातनः।
भक्तो ऽसि मे सखा चेति रहस्यं ह्येतदुत्तमम्।। ३।।

sa evāyaṃ mayā te 'dya yogaḥ proktaḥ purātanaḥ|
bhakto 'si me sakhā ceti rahasyaṃ hy etad uttamam|| 3||

अर्जुन उवाच

अपरं भवतो जन्म परं जन्म विवस्वतः।
कथमेतद्विजानीयां त्वमादौ प्रोक्तवानिति।। ४।।

arjuna uvāca

aparaṃ bhavato janma paraṃ janma vivasvataḥ|
katham etad vijānīyāṃ tvam ādau proktavān iti|| 4||

श्रीभगवानुवाच

बहूनि मे व्यतीतानि जन्मानि तव चार्जुन।
तान्यहं वेद सर्वाणि न त्वं वेत्थ परंतप।। ५।।

śrībhagavān uvāca

bahūni me vyatītāni janmāni tava cārjuna|
tāny ahaṃ veda sarvāṇi na tvaṃ vettha paraṃtapa|| 5||

अजो ऽपि सन्नव्ययात्मा भूतानामीश्वरो ऽपि सन्।
प्रकृतिं स्वामधिष्ठाय संभवाम्यात्ममायया।। ६।।

ajo 'pi sann avyayātmā bhūtānām īśvaro 'pi san|
prakṛtiṃ svām adhiṣṭhāya saṃbhavāmy ātmamāyayā|| 6||

यदा यदा हि धर्मस्य ग्लानिर्भवति भारत।
अभ्युत्थानमधर्मस्य तदात्मानं सृजाम्यहम्।। ७।।

yadā yadā hi dharmasya glānir bhavati bhārata|
abhyutthānam adharmasya tadātmānaṃ sṛjāmy aham|| 7||

परित्राणाय साधूनां विनाशाय च दुष्कृताम्।
धर्मसंस्थापनार्थाय संभवामि युगे युगे।। ८।।

paritrāṇāya sādhūnāṃ vināśāya ca duṣkṛtām|
dharmasaṃsthāpanārthāya saṃbhavāmi yuge yuge|| 8||

जन्म कर्म च मे दिव्यमेवं यो वेत्ति तत्त्वतः।
त्यक्त्वा देहं पुनर्जन्म नैति मामेति सो ऽर्जुन।। ९।।

janma karma ca me divyam evaṃ yo vetti tattvataḥ|
tyaktvā dehaṃ punar janma naiti mām eti so 'rjuna|| 9||

वीतरागभयक्रोधा मन्मया मामुपाश्रिताः।
बहवो ज्ञानतपसा पूता मद्भावमागताः।। १०।।

vītarāgabhayakrodhā manmayā mām upāśritāḥ|
bahavo jñānatapasā pūtā madbhāvam āgatāḥ|| 10||

ये यथा मां प्रपद्यन्ते तांस्तथैव भजाम्यहम्।
मम वर्त्मानुवर्तन्ते मनुष्याः पार्थ सर्वशः।। ११।।

ye yathā māṃ prapadyante tāṃs tathaiva bhajāmy aham|
mama vartmānuvartante manuṣyāḥ pārtha sarvaśaḥ|| 11||

काङ्क्षन्तः कर्मणां सिद्धिं यजन्त इह देवताः।
क्षिप्रं हि मानुषे लोके सिद्धिर्भवति कर्मजा।। १२।।

kāṅkṣantaḥ karmaṇāṃ siddhiṃ yajanta iha devatāḥ|
kṣipraṃ hi mānuṣe loke siddhir bhavati karmajā|| 12||

चातुर्वर्ण्यं मया सृष्टं गुणकर्मविभागशः।
तस्य कर्तारमपि मां विद्ध्यकर्तारमव्ययम्।। १३।।

cāturvarṇyaṃ mayā sṛṣṭaṃ guṇakarmavibhāgaśaḥ|
tasya kartāram api māṃ viddhy akartāram avyayam|| 13||

न मां कर्माणि लिम्पन्ति न मे कर्मफले स्पृहा।
इति मां यो ऽभिजानाति कर्मभिर्न स बध्यते।। १४।।

na māṃ karmāṇi limpanti na me karmaphale spṛhā|
iti māṃ yo 'bhijānāti karmabhir na sa badhyate|| 14||

एवं ज्ञात्वा कृतं कर्म पूर्वैरपि मुमुक्षुभिः।
कुरु कर्मैव तस्मात्त्वं पूर्वैः पूर्वतरं कृतम्।। १५।।

evaṃ jñātvā kṛtaṃ karma pūrvair api mumukṣubhiḥ|
kuru karmaiva tasmāt tvaṃ pūrvaiḥ pūrvataraṃ kṛtam|| 15||

किं कर्म किमकर्मेति कवयो ऽप्यत्र मोहिताः।
तत्ते कर्म प्रवक्ष्यामि यज्ज्ञात्वा मोक्ष्यसे ऽशुभात्।। १६।।

kiṃ karma kim akarmeti kavayo 'py atra mohitāḥ|
tat te karma pravakṣyāmi yaj jñātvā mokṣyase 'śubhāt|| 16||

कर्मणो ह्यपि बोद्धव्यं बोद्धव्यं च विकर्मणः।
अकर्मणश्च बोद्धव्यं गहना कर्मणो गतिः।। १७।।

karmaṇo hy api boddhavyaṃ boddhavyaṃ ca vikarmaṇaḥ|
akarmaṇaśca boddhavyaṃ gahanā karmaṇo gatiḥ|| 17||

कर्मण्यकर्म यः पश्येदकर्मणि च कर्म यः।
स बुद्धिमान्मनुष्येषु स युक्तः कृत्स्नकर्मकृत्।। १८।।

karmaṇy akarma yaḥ paśyed akarmaṇi ca karma yaḥ|
sa buddhimān manuṣyeṣu sa yuktaḥ kṛtsnakarmakṛt|| 18||

यस्य सर्वे समारम्भाः कामसंकल्पवर्जिताः।
ज्ञानाग्निदग्धकर्माणं तमाहुः पण्डितं बुधाः।। १९।।

yasya sarve samārambhāḥ kāmasaṃkalpavarjitāḥ|
jñānāgnidagdhakarmāṇaṃ tam āhuḥ paṇḍitaṃ budhāḥ|| 19||

त्यक्त्वा कर्मफलासङ्गं नित्यतृप्तो निराश्रयः।
कर्मण्यभिप्रवृत्तो ऽपि नैव किंचित्करोति सः।। २०।।

tyaktvā karmaphalāsaṅgaṃ nityatṛpto nirāśrayaḥ|
karmaṇy abhipravṛtto 'pi naiva kiṃ cit karoti saḥ|| 20||

निराशीर्यतचित्तात्मा त्यक्तसर्वपरिग्रहः।
शारीरं केवलं कर्म कुर्वन्नाप्नोति किल्बिषम्।। २१।।

nirāśīr yatacittātmā tyaktasarvaparigrahaḥ|
śārīraṃ kevalaṃ karma kurvann āpnoti kilbiṣam|| 21||

यदृच्छालाभसंतुष्टो द्वन्द्वातीतो विमत्सरः।
समः सिद्धावसिद्धौ च कृत्वापि न निबध्यते।। २२।।

yadṛcchālābhasaṃtuṣṭo dvandvātīto vimatsaraḥ|
samaḥ siddhāv asiddhau ca kṛtvāpi na nibadhyate|| 22||

गतसङ्गस्य मुक्तस्य ज्ञानावस्थितचेतसः।
यज्ञायाचरतः कर्म समग्रं प्रविलीयते।। २३।।

gatasaṅgasya muktasya jñānāvasthitacetasaḥ|
yajñāyācarataḥ karma samagraṃ pravilīyate|| 23||

ब्रह्मार्पणं ब्रह्म हविर्ब्रह्माग्नौ ब्रह्मणा हुतम्।
ब्रह्मैव तेन गन्तव्यं ब्रह्मकर्मसमाधिना।। २४।।

brahmārpaṇaṃ brahma havir brahmāgnau brahmaṇā hutam|
brahmaiva tena gantavyaṃ brahmakarmasamādhinā|| 24||

दैवमेवापरे यज्ञं योगिनः पर्युपासते।
ब्रह्माग्नावपरे यज्ञं यज्ञेनैवोपजुह्वति।। २५।।

daivam evāpare yajñaṃ yoginaḥ paryupāsate|
brahmāgnāv apare yajñaṃ yajñenaivopajuhvati|| 25||

श्रोत्रादीनीन्द्रियाण्यन्ये संयमाग्निषु जुह्वति।
शब्दादीन् विषयानन्य इन्द्रियाग्निषु जुह्वति।। २६।।

śrotrādīnīndriyāṇy anye saṃyamāgniṣu juhvati|
śabdādīn viṣayān anya indriyāgniṣu juhvati|| 26||

सर्वाणीन्द्रियकर्माणि प्राणकर्माणि चापरे।
आत्मसंयमयोगाग्नौ जुह्वति ज्ञानदीपिते।। २७।।

sarvāṇīndriyakarmāṇi prāṇakarmāṇi cāpare|
ātmasaṃyamayogāgnau juhvati jñānadīpite|| 27||

द्रव्ययज्ञास्तपोयज्ञा योगयज्ञास्तथापरे।
स्वाध्यायज्ञानयज्ञाश्च यतयः संशितव्रताः।। २८।।

dravyayajñās tapoyajñā yogayajñās tathāpare|
svādhyāyajñānayajñāś ca yatayaḥ saṃśitavratāḥ|| 28||

अपाने जुह्वति प्राणं प्राणे ऽपानं तथापरे।
प्राणापानगती रुद्ध्वा प्राणायामपरायणाः।। २९।।

apāne juhvati prāṇaṃ prāṇe 'pānaṃ tathāpare|
prāṇāpānagatī ruddhvā prāṇāyāmaparāyaṇāḥ|| 29||

अपरे नियताहाराः प्राणान्प्राणेषु जुह्वति।
सर्वे ऽप्येते यज्ञविदो यज्ञक्षपितकल्मषाः।।[23] ३०।।

apare niyatāhārāḥ prāṇān prāṇeṣu juhvati|
sarve 'py ete yajñavido yajñakṣapitakalmaṣāḥ|| 30||

यज्ञशिष्टामृतभुजो यान्ति ब्रह्म सनातनम्।
नायं लोको ऽस्त्ययज्ञस्य कुतो ऽन्यः कुरुसत्तम।। ३१।।

yajñaśiṣṭāmṛtabhujo yānti brahma sanātanam|
nāyaṃ loko 'sty ayajñasya kuto 'nyaḥ kurusattama|| 31||

एवं बहुविधा यज्ञा वितता ब्रह्मणो मुखे।
कर्मजान्विद्धि तान्सर्वानेवं ज्ञात्वा विमोक्ष्यसे।। ३२।।

evaṃ bahuvidhā yajñā vitatā brahmaṇo mukhe|
karmajān viddhi tān sarvān evaṃ jñātvā vimokṣyase|| 32||

श्रेयान्द्रव्यमयाद्यज्ञाज्ज्ञानयज्ञः परंतप।
सर्वं कर्माखिलं पार्थ ज्ञाने परिसमाप्यते।। ३३।।

śreyān dravyamayād yajñāj jñānayajñaḥ paraṃtapa|
sarvaṃ karmākhilaṃ pārtha jñāne parisamāpyate|| 33||

तद्विद्धि प्रणिपातेन परिप्रश्नेन सेवया।
उपदेक्ष्यन्ति ते ज्ञानं ज्ञानिनस्तत्त्वदर्शिनः।। ३४।।

tad viddhi praṇipātena paripraśnena sevayā|
upadekṣyanti te jñānaṃ jñāninas tattvadarśinaḥ|| 34||

---

[23] Alternate: यज्ञक्षयितकल्मषाः

यज्ज्ञात्वा न पुनर्मोहमेवं यास्यसि पाण्डव।
येन भूतान्यशेषेण द्रक्ष्यस्यात्मन्यथो मयि।। ३५।।

yaj jñātvā na punar moham evaṃ yāsyasi pāṇḍava|
yena bhūtāny aśeṣeṇa drakṣyasy ātmany atho mayi|| 35||

अपि चेदसि पापेभ्यः सर्वेभ्यः पापकृत्तमः।
सर्वं ज्ञानप्लवेनैव वृजिनं संतरिष्यसि।। ३६।।

api ced asi pāpebhyaḥ sarvebhyaḥ pāpakṛttamaḥ|
sarvaṃ jñānaplavenaiva vṛjinaṃ saṃtariṣyasi|| 36||

यथैधांसि समिद्धो ऽग्निर्भस्मसात्कुरुते ऽर्जुन।
ज्ञानाग्निः सर्वकर्माणि भस्मसात्कुरुते तथा।। ३७।।

yathaidhāṃsi samiddho 'gnir bhasmasāt kurute 'rjuna|
jñānāgniḥ sarvakarmāṇi bhasmasāt kurute tathā|| 37||

न हि ज्ञानेन सदृशं पवित्रमिह विद्यते।
तत्स्वयं योगसंसिद्धः कालेनात्मनि विन्दति।। ३८।।

na hi jñānena sadṛśaṃ pavitram iha vidyate|
tat svayaṃ yogasaṃsiddhaḥ kālenātmani vindati|| 38||

श्रद्धावाँल्लभते ज्ञानं तत्परः संयतेन्द्रियः।
ज्ञानं लब्ध्वा परां शान्तिमचिरेणाधिगच्छति।। ३९।।

śraddhāvā̃l labhate jñānaṃ tatparaḥ saṃyatendriyaḥ|
jñānaṃ labdhvā parāṃ śāntim acireṇādhigacchati|| 39||

अज्ञश्चाश्रद्दधानश्च संशयात्मा विनश्यति।
नायं लोको ऽस्ति न परो न सुखं संशयात्मनः।। ४०।।

ajñaś cāśraddadhānaś ca saṃśayātmā vinaśyati|
nāyaṃ loko 'sti na paro na sukhaṃ saṃśayātmanaḥ|| 40||

योगसंन्यस्तकर्माणं ज्ञानसंछिन्नसंशयम्।
आत्मवन्तं न कर्माणि निबध्नन्ति धनंजय।। ४१।।

yogasaṃnyastakarmāṇaṃ jñānasaṃchinnasaṃśayam|
ātmavantaṃ na karmāṇi nibadhnanti dhanaṃjaya|| 41||

तस्मादज्ञानसंभूतं हृत्स्थं ज्ञानासिनात्मनः।
छित्त्वैनं संशयं योगमातिष्ठोत्तिष्ठ भारत।। ४२।।

tasmād ajñānasaṃbhūtaṃ hṛtsthaṃ jñānāsinātmanaḥ|
chittvainaṃ saṃśayaṃ yogam ātiṣṭhottiṣṭha bhārata|| 42||

Chapter Five:
कर्मसन्न्यासयोगः

अर्जुन उवाच

संन्यासं कर्मणां कृष्ण पुनर्योगं च शंससि।
यच्छ्रेय एतयोरेकं तन्मे ब्रूहि सुनिश्चितम्।। १।।

arjuna uvāca

saṃnyāsaṃ karmaṇāṃ kṛṣṇa punar yogaṃ ca śaṃsasi|
yac chreya etayor ekaṃ tan me brūhi suniścitam|| 1||

श्रीभगवानुवाच

संन्यासः कर्मयोगश्च निःश्रेयसकरावुभौ।
तयोस्तु कर्मसंन्यासात्कर्मयोगो विशिष्यते।। २।।

śrībhagavān uvāca

saṃnyāsaḥ karmayogaś ca niḥśreyasakarāv ubhau|
tayos tu karmasaṃnyāsāt karmayogo viśiṣyate|| 2||

ज्ञेयः स नित्यसंन्यासी यो न द्वेष्टि न काङ्क्षति।
निर्द्वन्द्वो हि महाबाहो सुखं बन्धात्प्रमुच्यते।। ३।।

jñeyaḥ sa nityasaṃnyāsī yo na dveṣṭi na kāṅkṣati|
nirdvandvo hi mahābāho sukhaṃ bandhāt pramucyate|| 3||

सांख्ययोगौ पृथग्बालाः प्रवदन्ति न पण्डिताः।
एकमप्यास्थितः सम्यगुभयोर्विन्दते फलम्॥ ४॥

sāṃkhyayogau pṛthag bālāḥ pravadanti na paṇḍitāḥ|
ekam apy āsthitaḥ samyag ubhayor vindate phalam|| 4||

यत्सांख्यैः प्राप्यते स्थानं तद्योगैरपि गम्यते।
एकं सांख्यं च योगं च यः पश्यति स पश्यति॥ ५॥

yat sāṃkhyaiḥ prāpyate sthānaṃ tad yogair api gamyate|
ekaṃ sāṃkhyaṃ ca yogaṃ ca yaḥ paśyati sa paśyati|| 5||

संन्यासस्तु महाबाहो दुःखमाप्तुमयोगतः।
योगयुक्तो मुनिर्ब्रह्म न चिरेणाधिगच्छति॥ ६॥

saṃnyāsas tu mahābāho duḥkham āptum ayogataḥ|
yogayukto munir brahma na cireṇādhigacchati|| 6||

योगयुक्तो विशुद्धात्मा विजितात्मा जितेन्द्रियः।
सर्वभूतात्मभूतात्मा कुर्वन्नपि न लिप्यते॥ ७॥

yogayukto viśuddhātmā vijitātmā jitendriyaḥ|
sarvabhūtātmabhūtātmā kurvann api na lipyate|| 7||

नैव किंचित् करोमीति युक्तो मन्येत तत्त्ववित्।
पश्यञ् शृण्वन्स्पृशञ्जिघ्रन्नश्नन्गच्छन्स्वपञ् श्वसन्॥ ८॥

naiva kiṃ cit karomīti yukto manyeta tattvavit|
paśyañ śṛṇvan spṛśañ jighrann aśnan gacchan svapañ śvasan|| 8||

प्रलपन्विसृजन्गृह्णन्नुन्मिषन्निमिषन्नपि।
इन्द्रियाणीन्द्रियार्थेषु वर्तन्त इति धारयन्॥ ९॥

pralapan visṛjan gṛhṇann unmiṣan nimiṣann api|
indriyāṇīndriyārtheṣu vartanta iti dhārayan|| 9||

ब्रह्मण्याधाय कर्माणि सङ्गं त्यक्त्वा करोति यः।
लिप्यते न स पापेन पद्मपत्रमिवाम्भसा।। १०।।

brahmaṇy ādhāya karmāṇi saṅgaṃ tyaktvā karoti yaḥ|
lipyate na sa pāpena padmapatram ivāmbhasā|| 10||

कायेन मनसा बुद्ध्या केवलैरिन्द्रियैरपि।
योगिनः कर्म कुर्वन्ति सङ्गं त्यक्त्वात्मशुद्धये।। ११।।

kāyena manasā buddhyā kevalair indriyair api|
yoginaḥ karma kurvanti saṅgaṃ tyaktvātmaśuddhaye|| 11||

युक्तः कर्मफलं त्यक्त्वा शान्तिमाप्नोति नैष्ठिकीम्।
अयुक्तः कामकारेण फले सक्तो निबध्यते।। १२।।

yuktaḥ karmaphalaṃ tyaktvā śāntim āpnoti naiṣṭhikīm|
ayuktaḥ kāmakāreṇa phale sakto nibadhyate|| 12||

सर्वकर्माणि मनसा संन्यस्यास्ते सुखं वशी।
नवद्वारे पुरे देही नैव कुर्वन्न कारयन्।। १३।।

sarvakarmāṇi manasā saṃnyasyāste sukhaṃ vaśī|
navadvāre pure dehī naiva kurvan na kārayan|| 13||

न कर्तृत्वं न कर्माणि लोकस्य सृजति प्रभुः।
न कर्मफलसंयोगं स्वभावस्तु प्रवर्तते।। १४।।

na kartṛtvaṃ na karmāṇi lokasya sṛjati prabhuḥ|
na karmaphalasaṃyogaṃ svabhāvas tu pravartate|| 14||

नादत्ते कस्यचित्पापं न चैव सुकृतं विभुः।
अज्ञानेनावृतं ज्ञानं तेन मुह्यन्ति जन्तवः।। १५।।

nādatte kasya cit pāpaṃ na caiva sukṛtaṃ vibhuḥ|
ajñānenāvṛtaṃ jñānaṃ tena muhyanti jantavaḥ|| 15||

ज्ञानेन तु तदज्ञानं येषां नाशितमात्मनः।
तेषामादित्यवज्ज्ञानं प्रकाशयति तत्परम्।। १६।।

jñānena tu tad ajñānaṃ yeṣāṃ nāśitam ātmanaḥ|
teṣām ādityavaj jñānaṃ prakāśayati tatparam|| 16||

तद्बुद्धयस्तदात्मानस्तन्निष्ठास्तत्परायणाः।
गच्छन्त्यपुनरावृत्तिं ज्ञाननिर्धूतकल्मषाः।। १७।।

tadbuddhayas tadātmānas tanniṣṭhās tatparāyaṇāḥ|
gacchanty apunar āvṛttiṃ jñānanirdhūtakalmaṣāḥ|| 17||

विद्याविनयसंपन्ने ब्राह्मणे गवि हस्तिनि।
शुनि चैव श्वपाके च पण्डिताः समदर्शिनः।। १८।।

vidyāvinayasaṃpanne brāhmaṇe gavi hastini|
śuni caiva śvapāke ca paṇḍitāḥ samadarśinaḥ|| 18||

इहैव तैर्जितः सर्गो येषां साम्ये स्थितं मनः।
निर्दोषं हि समं ब्रह्म तस्माद्ब्रह्मणि ते स्थिताः।। १९।।

ihaiva tair jitaḥ sargo yeṣāṃ sāmye sthitaṃ manaḥ|
nirdoṣaṃ hi samaṃ brahma tasmād brahmaṇi te sthitāḥ|| 19||

न प्रहृष्येत्प्रियं प्राप्य नोद्विजेत्प्राप्य चाप्रियम्।
स्थिरबुद्धिरसंमूढो ब्रह्मविद्ब्रह्मणि स्थितः।। २०।।

na prahṛṣyet priyaṃ prāpya nodvijet prāpya cāpriyam|
sthirabuddhir asaṃmūḍho brahmavid brahmaṇi sthitaḥ|| 20||

बाह्यस्पर्शेष्वसक्तात्मा विन्दत्यात्मनि यत्सुखम्।
स ब्रह्मयोगयुक्तात्मा सुखमक्षयमश्नुते।। २१।।

bāhyasparśeṣv asaktātmā vindaty ātmani yat sukham|
sa brahmayogayuktātmā sukham akṣayam aśnute|| 21||

ये हि संस्पर्शजा भोगा दुःखयोनय एव ते।
आद्यन्तवन्तः कौन्तेय न तेषु रमते बुधः।। २२।।

ye hi saṃsparśajā bhogā duḥkhayonaya eva te|
ādyantavantaḥ kaunteya na teṣu ramate budhaḥ|| 22||

शक्नोतीहैव यः सोढुं प्राक् शरीरविमोक्षणात्।
कामक्रोधोद्भवं वेगं स युक्तः स सुखी नरः।। २३।।

śaknotīhaiva yaḥ soḍhuṃ prāk śarīravimokṣaṇāt|
kāmakrodhodbhavaṃ vegaṃ sa yuktaḥ sa sukhī naraḥ|| 23||

यो ऽन्तःसुखो ऽन्तरारामस्तथान्तर्ज्योतिरेव यः।
स योगी ब्रह्मनिर्वाणं ब्रह्मभूतो ऽधिगच्छति।। २४।।

yo 'ntaḥsukho 'ntarārāmas tathāntarjyotir eva yaḥ|
sa yogī brahmanirvāṇaṃ brahmabhūto 'dhigacchati|| 24||

लभन्ते ब्रह्मनिर्वाणमृषयः क्षीणकल्मषाः।
छिन्नद्वैधा यतात्मानः सर्वभूतहिते रताः।। २५।।

labhante brahmanirvāṇam ṛṣayaḥ kṣīṇakalmaṣāḥ|
chinnadvaidhā yatātmānaḥ sarvabhūtahite ratāḥ|| 25||

कामक्रोधवियुक्तानां यतीनां यतचेतसाम्।
अभितो ब्रह्मनिर्वाणं वर्तते विदितात्मनाम्।। २६।।

kāmakrodhaviyuktānāṃ yatīnāṃ yatacetasām|
abhito brahmanirvāṇaṃ vartate viditātmanām|| 26||

स्पर्शान्कृत्वा बहिर्बाह्यांश्चक्षुश्चैवान्तरे भ्रुवोः।
प्राणापानौ समौ कृत्वा नासाभ्यन्तरचारिणौ।। २७।।

sparśān kṛtvā bahir bāhyāṃś cakṣuś caivāntare bhruvoḥ|
prāṇāpānau samau kṛtvā nāsābhyantaracāriṇau|| 27||

यतेन्द्रियमनोबुद्धिर्मुनिर्मोक्षपरायणः।
विगतेच्छाभयक्रोधो यः सदा मुक्त एव सः।। २८।।

yatendriyamanobuddhir munir mokṣaparāyaṇaḥ|
vigatecchābhayakrodho yaḥ sadā mukta eva saḥ|| 28||

भोक्तारं यज्ञतपसां सर्वलोकमहेश्वरम्।
सुहृदं सर्वभूतानां ज्ञात्वा मां शान्तिमृच्छति।। २९।।

bhoktāraṃ yajñatapasāṃ sarvalokamaheśvaram|
suhṛdaṃ sarvabhūtānāṃ jñātvā māṃ śāntim ṛcchati|| 29||

Chapter Six: ध्यानयोगः

श्रीभगवानुवाच

अनाश्रितः कर्मफलं कार्यं कर्म करोति यः।
स संन्यासी च योगी च न निरग्निर्न चाक्रियः।। १।।

śrībhagavān uvāca

anāśritaḥ karmaphalaṃ kāryaṃ karma karoti yaḥ|
sa saṃnyāsī ca yogī ca na niragnir na cākriyaḥ|| 1||

यं संन्यासमिति प्राहुर्योगं तं विद्धि पाण्डव।
न ह्यसंन्यस्तसंकल्पो योगी भवति कश्चन।। २।।

yaṃ saṃnyāsam iti prāhur yogaṃ taṃ viddhi pāṇḍava|
na hy asaṃnyastasaṃkalpo yogī bhavati kaścana|| 2||

आरुरुक्षोर्मुनेर्योगं कर्म कारणमुच्यते।
योगारूढस्य तस्यैव शमः कारणमुच्यते।। ३।।

ārurukṣor muner yogaṃ karma kāraṇam ucyate|
yogārūḍhasya tasyaiva śamaḥ kāraṇam ucyate|| 3||

यदा हि नेन्द्रियार्थेषु न कर्मस्वनुषज्जते।
सर्वसंकल्पसंन्यासी योगारूढस्तदोच्यते।। ४।।

yadā hi nendriyārtheṣu na karmasv anuṣajjate|
sarvasaṃkalpasaṃnyāsī yogārūḍhas tadocyate|| 4||

उद्धरेदात्मनात्मानं नात्मानमवसादयेत्।
आत्मैव ह्यात्मनो बन्धुरात्मैव रिपुरात्मनः।। ५।।

uddhared ātmanātmānaṃ nātmānam avasādayet|
ātmaiva hy ātmano bandhur ātmaiva ripur ātmanaḥ|| 5||

बन्धुरात्मात्मनस्तस्य येनात्मैवात्मना जितः।
अनात्मनस्तु शत्रुत्वे वर्तेतात्मैव शत्रुवत्।। ६।।

bandhur ātmātmanas tasya yenātmaivātmanā jitaḥ|
anātmanas tu śatrutve vartetātmaiva śatruvat|| 6||

जितात्मनः प्रशान्तस्य परमात्मा समाहितः।
शीतोष्णसुखदुःखेषु तथा मानापमानयोः।। ७।।

jitātmanaḥ praśāntasya paramātmā samāhitaḥ|
śītoṣṇasukhaduḥkheṣu tathā mānāpamānayoḥ|| 7||

ज्ञानविज्ञानतृप्तात्मा कूटस्थो विजितेन्द्रियः।
युक्त इत्युच्यते योगी समलोष्टाश्मकाञ्चनः।। ८।।

jñānavijñānatṛptātmā kūṭastho vijitendriyaḥ|
yukta ity ucyate yogī samaloṣṭāśmakāñcanaḥ|| 8||

सुहृन्मित्रार्युदासीनमध्यस्थद्वेष्यबन्धुषु।
साधुष्वपि च पापेषु समबुद्धिर्विशिष्यते।। ९।।

suhṛnmitrāryudāsīnamadhyasthadveṣyabandhuṣu|
sādhuṣv api ca pāpeṣu samabuddhir viśiṣyate|| 9||

योगी युञ्जीत सततमात्मानं रहसि स्थितः।
एकाकी यतचित्तात्मा निराशीरपरिग्रहः।। १०।।

yogī yuñjīta satatam ātmānaṃ rahasi sthitaḥ|
ekākī yatacittātmā nirāśīr aparigrahaḥ|| 10||

शुचौ देशे प्रतिष्ठाप्य स्थिरमासनमात्मनः।
नात्युच्छ्रितं नातिनीचं चैलाजिनकुशोत्तरम्।।[24] ११।।

śucau deśe pratiṣṭhāpya sthiram āsanam ātmanaḥ|
nātyucchritaṃ nātinīcaṃ cailājinakuśottaram|| 11||

तत्रैकाग्रं मनः कृत्वा यतचित्तेन्द्रियक्रियः।
उपविश्यासने युञ्ज्याद्योगमात्मविशुद्धये।। १२।।

tatraikāgraṃ manaḥ kṛtvā yatacittendriyakriyaḥ|
upaviśyāsane yuñjyād yogam ātmaviśuddhaye|| 12||

समं कायशिरोग्रीवं धारयन्नचलं स्थिरः।
संप्रेक्ष्य नासिकाग्रं स्वं दिशश्चानवलोकयन्।। १३।।

samaṃ kāyaśirogrīvaṃ dhārayann acalaṃ sthiraḥ|
saṃprekṣya nāsikāgraṃ svaṃ diśaś cānavalokayan|| 13||

प्रशान्तात्मा विगतभीर्ब्रह्मचारिव्रते स्थितः।
मनः संयम्य मच्चित्तो युक्त आसीत मत्परः।। १४।।

praśāntātmā vigatabhīr brahmacārivrate sthitaḥ|
manaḥ saṃyamya maccitto yukta āsīta matparaḥ|| 14||

युञ्जन्नेवं सदात्मानं योगी नियतमानसः।
शान्तिं निर्वाणपरमां मत्संस्थामधिगच्छति।। १५।।

yuñjann evaṃ sadātmānaṃ yogī niyatamānasaḥ|
śāntiṃ nirvāṇaparamāṃ matsaṃsthām adhigacchati|| 15||

नात्यश्नतस्तु योगो ऽस्ति न चैकान्तमनश्नतः।
न चातिस्वप्नशीलस्य जाग्रतो नैव चार्जुन।। १६।।

nātyaśnatas tu yogo 'sti na caikāntam anaśnataḥ|
na cātisvapnaśīlasya jāgrato naiva cārjuna|| 16||

---

[24] Alternate: चेलाजिनकुशोत्तरम्

युक्ताहारविहारस्य युक्तचेष्टस्य कर्मसु।
युक्तस्वप्नावबोधस्य योगो भवति दुःखहा।। १७।।

yuktāhāravihārasya yuktaceṣṭasya karmasu|
yuktasvapnāvabodhasya yogo bhavati duḥkhahā|| 17||

यदा विनियतं चित्तमात्मन्येवावतिष्ठते।
निःस्पृहः सर्वकामेभ्यो युक्त इत्युच्यते तदा।। १८।।

yadā viniyataṃ cittam ātmany evāvatiṣṭhate|
niḥspṛhaḥ sarvakāmebhyo yukta ity ucyate tadā|| 18||

यथा दीपो निवातस्थो नेङ्गते सोपमा स्मृता।
योगिनो यतचित्तस्य युञ्जतो योगमात्मनः।। १९।।

yathā dīpo nivātastho neṅgate sopamā smṛtā|
yogino yatacittasya yuñjato yogam ātmanaḥ|| 19||

यत्रोपरमते चित्तं निरुद्धं योगसेवया।
यत्र चैवात्मनात्मानं पश्यन्नात्मनि तुष्यति।। २०।।

yatroparamate cittaṃ niruddhaṃ yogasevayā|
yatra caivātmanātmānaṃ paśyann ātmani tuṣyati|| 20||

सुखमात्यन्तिकं यत्तद्बुद्धिग्राह्यमतीन्द्रियम्।
वेत्ति यत्र न चैवायं स्थितश्चलति तत्त्वतः।। २१।।

sukham ātyantikaṃ yat tad buddhigrāhyam atīndriyam|
vetti yatra na caivāyaṃ sthitaś calati tattvataḥ|| 21||

यं लब्ध्वा चापरं लाभं मन्यते नाधिकं ततः।
यस्मिन्स्थितो न दुःखेन गुरुणापि विचाल्यते।। २२।।

yaṃ labdhvā cāparaṃ lābhaṃ manyate nādhikaṃ tataḥ|
yasmin sthito na duḥkhena guruṇāpi vicālyate|| 22||

तं विद्याद्दुःखसंयोगवियोगं योगसंज्ञितम्।
स निश्चयेन योक्तव्यो योगो ऽनिर्विण्णचेतसा।। २३।।

taṃ vidyād duḥkhasaṃyogaviyogaṃ yogasaṃjñitam|
sa niścayena yoktavyo yogo 'nirviṇṇacetasā|| 23||

संकल्पप्रभवान्कामांस्त्यक्त्वा सर्वानशेषतः।
मनसैवेन्द्रियग्रामं विनियम्य समन्ततः।। २४।।

saṃkalpaprabhavān kāmāṃs tyaktvā sarvān aśeṣataḥ|
manasaivendriyagrāmaṃ viniyamya samantataḥ|| 24||

शनैः शनैरुपरमेद्बुद्ध्या धृतिगृहीतया।
आत्मसंस्थं मनः कृत्वा न किं चिदपि चिन्तयेत्।। २५।।

śanaiḥ śanair uparamed buddhyā dhṛtigṛhītayā|
ātmasaṃsthaṃ manaḥ kṛtvā na kiṃ cid api cintayet|| 25||

यतो यतो निश्चरति मनश्चञ्चलमस्थिरम्।
ततस्ततो नियम्यैतदात्मन्येव वशं नयेत्।। २६।।

yato yato niścarati manaś cañcalam asthiram|
tatas tato niyamyaitad ātmany eva vaśaṃ nayet|| 26||

प्रशान्तमनसं ह्येनं योगिनं सुखमुत्तमम्।
उपैति शान्तरजसं ब्रह्मभूतमकल्मषम्।। २७।।

praśāntamanasaṃ hy enaṃ yoginaṃ sukham uttamam|
upaiti śāntarajasaṃ brahmabhūtam akalmaṣam|| 27||

युञ्जन्नेवं सदात्मानं योगी विगतकल्मषः।
सुखेन ब्रह्मसंस्पर्शमत्यन्तं सुखम् अश्नुते।। २८।।

yuñjann evaṃ sadātmānaṃ yogī vigatakalmaṣaḥ|
sukhena brahmasaṃsparśam atyantaṃ sukhamaśnute|| 28||

सर्वभूतस्थमात्मानं सर्वभूतानि चात्मनि।
ईक्षते योगयुक्तात्मा सर्वत्र समदर्शनः।। २९।।

sarvabhūtastham ātmānaṃ sarvabhūtāni cātmani|
īkṣate yogayuktātmā sarvatra samadarśanaḥ|| 29||

यो मां पश्यति सर्वत्र सर्वं च मयि पश्यति।
तस्याहं न प्रणश्यामि स च मे न प्रणश्यति।। ३०।।

yo māṃ paśyati sarvatra sarvaṃ ca mayi paśyati|
tasyāhaṃ na praṇaśyāmi sa ca me na praṇaśyati|| 30||

सर्वभूतस्थितं यो मां भजत्येकत्वमास्थितः।
सर्वथा वर्तमानो ऽपि स योगी मयि वर्तते।। ३१।।

sarvabhūtasthitaṃ yo māṃ bhajaty ekatvam āsthitaḥ|
sarvathā vartamāno 'pi sa yogī mayi vartate|| 31||

आत्मौपम्येन सर्वत्र समं पश्यति यो ऽर्जुन।
सुखं वा यदि वा दुःखं स योगी परमो मतः।। ३२।।

ātmaupamyena sarvatra samaṃ paśyati yo 'rjuna|
sukhaṃ vā yadi vā duḥkhaṃ sa yogī paramo mataḥ|| 32||

अर्जुन उवाच

यो ऽयं योगस्त्वया प्रोक्तः साम्येन मधुसूदन।
एतस्याहं न पश्यामि चञ्चलत्वात्स्थितिं स्थिराम्।। ३३।।

arjuna uvāca

yo 'yaṃ yogas tvayā proktaḥ sāmyena madhusūdana|
etasyāhaṃ na paśyāmi cañcalatvāt sthitiṃ sthirām|| 33||

चञ्चलं हि मनः कृष्ण प्रमाथि बलवद्दृढम्।
तस्याहं निग्रहं मन्ये वायोरिव सुदुष्करम्।। ३४।।

cañcalaṃ hi manaḥ kṛṣṇa pramāthi balavad dṛḍham|
tasyāhaṃ nigrahaṃ manye vāyor iva suduṣkaram|| 34||

श्रीभगवानुवाच

असंशयं महाबाहो मनो दुर्णिग्रहं चलम्।
अभ्यासेन तु कौन्तेय वैराग्येण च गृह्यते।। ३५।।

śrībhagavān uvāca

asaṃśayaṃ mahābāho mano durṇigrahaṃ calam|
abhyāsena tu kaunteya vairāgyeṇa ca gṛhyate|| 35||

असंयतात्मना योगो दुष्प्राप इति मे मतिः।
वश्यात्मना तु यतता शक्यो ऽवाप्तुमुपायतः।। ३६।।

asaṃyatātmanā yogo duṣprāpa iti me matiḥ|
vaśyātmanā tu yatatā śakyo 'vāptum upāyataḥ|| 36||

अर्जुन उवाच

अयतिः श्रद्धयोपेतो योगाच्चलितमानसः।
अप्राप्य योगसंसिद्धिं कां गतिं कृष्ण गच्छति।। ३७।।

arjuna uvāca

ayatiḥ śraddhayopeto yogāc calitamānasaḥ|
aprāpya yogasaṃsiddhiṃ kāṃ gatiṃ kṛṣṇa gacchati|| 37||

कच्चिन्नोभयविभ्रष्टश्छिन्नाभ्रमिव नश्यति।
अप्रतिष्ठो महाबाहो विमूढो ब्रह्मणः पथि।। ३८।।

kaccin nobhayavibhraṣṭaś chinnābhramiva naśyati|
apratiṣṭho mahābāho vimūḍho brahmaṇaḥ pathi|| 38||

एतन्मे संशयं कृष्ण छेत्तुमर्हस्यशेषतः।
त्वदन्यः संशयस्यास्य छेत्ता न ह्युपपद्यते।। ३९।।

etan me saṃśayaṃ kṛṣṇa chettum arhasy aśeṣataḥ|
tvadanyaḥ saṃśayasyāsya chettā na hy upapadyate|| 39||

श्रीभगवानुवाच

पार्थ नैवेह नामुत्र विनाशस्तस्य विद्यते।
न हि कल्याणकृत्कश्चिद्दुर्गतिं तात गच्छति।। ४०।।

śrībhagavān uvāca

pārtha naiveha nāmutra vināśas tasya vidyate|
na hi kalyāṇakṛt kaścid durgatiṃ tāta gacchati|| 40||

प्राप्य पुण्यकृतां लोकानुषित्वा शाश्वतीः समाः।
शुचीनां श्रीमतां गेहे योगभ्रष्टो ऽभिजायते।। ४१।।

prāpya puṇyakṛtāṃ lokān uṣitvā śāśvatīḥ samāḥ|
śucīnāṃ śrīmatāṃ gehe yogabhraṣṭo 'bhijāyate|| 41||

अथ वा योगिनामेव कुले भवति धीमताम्।
एतद्धि दुर्लभतरं लोके जन्म यदीदृशम्।। ४२।।

atha vā yoginām eva kule bhavati dhīmatām|
etad dhi durlabhataraṃ loke janma yadīdṛśam|| 42||

तत्र तं बुद्धिसंयोगं लभते पौर्वदेहिकम्।
यतते च ततो भूयः संसिद्धौ कुरुनन्दन। ४३।।

tatra taṃ buddhisaṃyogaṃ labhate paurvadehikam|
yatate ca tato bhūyaḥ saṃsiddhau kurunandana| 43||

पूर्वाभ्यासेन तेनैव ह्रियते ह्यवशो ऽपि सः।
जिज्ञासुरपि योगस्य शब्दब्रह्मातिवर्तते।। ४४।।

pūrvābhyāsena tenaiva hriyate hy avaśo 'pi saḥ|
jijñāsur api yogasya śabdabrahmātivartate|| 44||

प्रयत्नाद्यतमानस्तु योगी संशुद्धकिल्बिषः।
अनेकजन्मसंसिद्धस्ततो याति परां गतिम्।। ४५।।

prayatnād yatamānas tu yogī saṃśuddhakilbiṣaḥ|
anekajanmasaṃsiddhas tato yāti parāṃ gatim|| 45||

तपस्विभ्यो ऽधिको योगी ज्ञानिभ्यो ऽपि मतो ऽधिकः।
कर्मिभ्यश्चाधिको योगी तस्माद्योगी भवार्जुन।। ४६।।

tapasvibhyo 'dhiko yogī jñānibhyo 'pi mato 'dhikaḥ|
karmibhyaś cādhiko yogī tasmād yogī bhavārjuna|| 46||

योगिनामपि सर्वेषां मद्गतेनान्तरात्मना।
श्रद्धावान्भजते यो मां स मे युक्ततमो मतः।। ४७।।

yoginām api sarveṣām madgatenāntarātmanā|
śraddhāvān bhajate yo mām sa me yuktatamo mataḥ|| 47||

Chapter Seven: विज्ञानयोगः

श्रीभगवानुवाच

मय्यासक्तमनाः पार्थ योगं युञ्जन्मदाश्रयः।
असंशयं समग्रं मां यथा ज्ञास्यसि तच्छृणु।। १।।

śrībhagavān uvāca

mayy āsaktamanāḥ pārtha yogaṃ yuñjan madāśrayaḥ|
asaṃśayaṃ samagraṃ māṃ yathā jñāsyasi tac chṛṇu|| 1||

ज्ञानं ते ऽहं सविज्ञानमिदं वक्ष्याम्यशेषतः।
यज्ज्ञात्वा नेह भूयो ऽन्यज्ज्ञातव्यमवशिष्यते।। २।।

jñānaṃ te 'haṃ savijñānam idaṃ vakṣyāmy aśeṣataḥ|
yaj jñātvā neha bhūyo 'nyaj jñātavyam avaśiṣyate|| 2||

मनुष्याणां सहस्रेषु कश्चिद्यतति सिद्धये।
यततामपि सिद्धानां कश्चिन्मां वेत्ति तत्त्वतः।। ३।।

manuṣyāṇāṃ sahasreṣu kaścid yatati siddhaye|
yatatām api siddhānāṃ kaścin māṃ vetti tattvataḥ|| 3||

भूमिरापो ऽनलो वायुः खं मनो बुद्धिरेव च।
अहंकार इतीयं मे भिन्ना प्रकृतिरष्टधा।। ४।।

bhūmir āpo 'nalo vāyuḥ khaṃ mano buddhir eva ca|
ahaṃkāra itīyaṃ me bhinnā prakṛtir aṣṭadhā|| 4||

अपरेयमितस्त्वन्यां प्रकृतिं विद्धि मे पराम्।
जीवभूतां महाबाहो ययेदं धार्यते जगत्।। ५।।

apareyam itas tv anyāṃ prakṛtiṃ viddhi me parām|
jīvabhūtāṃ mahābāho yayedaṃ dhāryate jagat|| 5||

एतद्योनीनि भूतानि सर्वाणीत्युपधारय।
अहं कृत्स्नस्य जगतः प्रभवः प्रलयस्तथा।। ६।।

etadyonīni bhūtāni sarvāṇīty upadhāraya|
ahaṃ kṛtsnasya jagataḥ prabhavaḥ pralayas tathā|| 6||

मत्तः परतरं नान्यत्किं चिदस्ति धनंजय।[25]
मयि सर्वमिदं प्रोतं सूत्रे मणिगणा इव।। ७।।

mattaḥ parataraṃ nānyat kiṃ cid asti dhanaṃjaya|
mayi sarvam idaṃ protaṃ sūtre maṇigaṇā iva|| 7||

रसो ऽहमप्सु कौन्तेय प्रभास्मि शशिसूर्ययोः।
प्रणवः सर्ववेदेषु शब्दः खे पौरुषं नृषु।। ८।।

raso 'ham apsu kaunteya prabhāsmi śaśisūryayoḥ|
praṇavaḥ sarvavedeṣu śabdaḥ khe pauruṣaṃ nṛṣu|| 8||

पुण्यो गन्धः पृथिव्यां च तेजश्चास्मि विभावसौ।
जीवनं सर्वभूतेषु तपश्चास्मि तपस्विषु।। ९।।

puṇyo gandhaḥ pṛthivyāṃ ca tejaś cāsmi vibhāvasau|
jīvanaṃ sarvabhūteṣu tapaś cāsmi tapasviṣu|| 9||

बीजं मां सर्वभूतानां विद्धि पार्थ सनातनम्।
बुद्धिर्बुद्धिमतामस्मि तेजस्तेजस्विनामहम्।। १०।।

---

[25] Alternate: मत्तः परतरं किं चिन्नान्यदस्ति धनंजय

bījaṃ māṃ sarvabhūtānāṃ viddhi pārtha sanātanam|
buddhir buddhimatām asmi tejas tejasvinām aham|| 10||

बलं बलवतां चाहं[26] कामरागविवर्जितम्।
धर्माविरुद्धो भूतेषु कामो ऽस्मि भरतर्षभ।। ११।।

balaṃ balavatāṃ cāhaṃ kāmarāgavivarjitam|
dharmāviruddho bhūteṣu kāmo 'smi bharatarṣabha|| 11||

ये चैव सात्त्विका भावा राजसास्तामसाश्च ये।
मत्त एवेति तान्विद्धि न त्वहं तेषु ते मयि।। १२।।

ye caiva sāttvikā bhāvā rājasās tāmasāś ca ye|
matta eveti tān viddhi na tv ahaṃ teṣu te mayi|| 12||

त्रिभिर्गुणमयैर्भावैरेभिः सर्वमिदं जगत्।
मोहितं नाभिजानाति मामेभ्यः परमव्ययम्।। १३।।

tribhir guṇamayair bhāvair ebhiḥ sarvam idaṃ jagat|
mohitaṃ nābhijānāti mām ebhyaḥ param avyayam|| 13||

दैवी ह्येषा गुणमयी मम माया दुरत्यया।
मामेव ये प्रपद्यन्ते मायामेतां तरन्ति ते।। १४।।

daivī hy eṣā guṇamayī mama māyā duratyayā|
mām eva ye prapadyante māyām etāṃ taranti te|| 14||

न मां दुष्कृतिनो मूढाः प्रपद्यन्ते नराधमाः।
माययापहृतज्ञाना आसुरं भावमाश्रिताः।। १५।।

na māṃ duṣkṛtino mūḍhāḥ prapadyante narādhamāḥ|
māyayāpahṛtajñānā āsuraṃ bhāvam āśritāḥ|| 15||

चतुर्विधा भजन्ते मां जनाः सुकृतिनो ऽर्जुन।
आर्तो जिज्ञासुरर्थार्थी ज्ञानी च भरतर्षभ।। १६।।

---

[26] Alternate: बलं बलवतामस्मि

caturvidhā bhajante māṃ janāḥ sukṛtino 'rjuna|
ārto jijñāsur arthārthī jñānī ca bharatarṣabha|| 16||

तेषां ज्ञानी नित्ययुक्त एकभक्तिर्विशिष्यते।
प्रियो हि ज्ञानिनो ऽत्यर्थमहं स च मम प्रियः।। १७।।

teṣāṃ jñānī nityayukta ekabhaktir viśiṣyate|
priyo hi jñānino 'tyartham ahaṃ sa ca mama priyaḥ|| 17||

उदाराः सर्व एवैते ज्ञानी त्वात्मैव मे मतम्।
आस्थितः स हि युक्तात्मा मामेवानुत्तमां गतिम्।। १८।।

udārāḥ sarva evaite jñānī tv ātmaiva me matam|
āsthitaḥ sa hi yuktātmā mām evānuttamāṃ gatim|| 18||

बहूनां जन्मनामन्ते ज्ञानवान्मां प्रपद्यते।
वासुदेवः सर्वमिति स महात्मा सुदुर्लभः।। १९।।

bahūnāṃ janmanām ante jñānavān māṃ prapadyate|
vāsudevaḥ sarvam iti sa mahātmā sudurlabhaḥ|| 19||

कामैस्तैस्तैर्हृतज्ञानाः प्रपद्यन्ते ऽन्यदेवताः।
तं तं नियममास्थाय प्रकृत्या नियताः स्वया।। २०।।

kāmais tais tair hṛtajñānāḥ prapadyante 'nyadevatāḥ|
taṃ taṃ niyamam āsthāya prakṛtyā niyatāḥ svayā|| 20||

यो यो यां यां तनुं भक्तः श्रद्धयार्चितुमिच्छति।
तस्य तस्याचलां श्रद्धां तामेव विदधाम्यहम्।। २१।।

yo yo yāṃ yāṃ tanuṃ bhaktaḥ śraddhayārcitum icchati|
tasya tasyācalāṃ śraddhāṃ tām eva vidadhāmy aham|| 21||

स तया श्रद्धया युक्तस्तस्या राधनमीहते।
लभते च ततः कामान्मयैव विहितान्हि तान्।। २२।।

sa tayā śraddhayā yuktas tasyā rādhanam īhate|
labhate ca tataḥ kāmān mayaiva vihitān hi tān|| 22||

अन्तवत्तु फलं तेषां तद्भवत्यल्पमेधसाम्।
देवान्देवयजो यान्ति मद्भक्ता यान्ति मामपि।। २३।।

antavat tu phalaṃ teṣāṃ tad bhavaty alpamedhasām|
devān devayajo yānti madbhaktā yānti mām api|| 23||

अव्यक्तं व्यक्तिमापन्नं मन्यन्ते मामबुद्धयः।
परं भावमजानन्तो ममाव्ययमनुत्तमम्।। २४।।

avyaktaṃ vyaktim āpannaṃ manyante mām abuddhayaḥ|
paraṃ bhāvam ajānanto mamāvyayam anuttamam|| 24||

नाहं प्रकाशः सर्वस्य योगमायासमावृतः।
मूढो ऽयं नाभिजानाति लोको मामजमव्ययम्।। २५।।

nāhaṃ prakāśaḥ sarvasya yogamāyāsamāvṛtaḥ|
mūḍho 'yaṃ nābhijānāti loko mām ajam avyayam|| 25||

वेदाहं समतीतानि वर्तमानानि चार्जुन।
भविष्याणि च भूतानि मां तु वेद न कश्चन।। २६।।

vedāhaṃ samatītāni vartamānāni cārjuna|
bhaviṣyāṇi ca bhūtāni māṃ tu veda na kaścana|| 26||

इच्छाद्वेषसमुत्थेन द्वन्द्वमोहेन भारत।
सर्वभूतानि संमोहं सर्गे यान्ति परंतप।। २७।।

icchādveṣasamutthena dvandvamohena bhārata|
sarvabhūtāni saṃmohaṃ sarge yānti paraṃtapa|| 27||

येषां त्वन्तगतं पापं जनानां पुण्यकर्मणाम्।
ते द्वन्द्वमोहनिर्मुक्ता भजन्ते मां दृढव्रताः।। २८।।

yeṣāṃ tv antagataṃ pāpaṃ janānāṃ puṇyakarmaṇām|
te dvandvamohanirmuktā bhajante māṃ dṛḍhavratāḥ|| 28||

जरामरणमोक्षाय मामाश्रित्य यतन्ति ये।
ते ब्रह्म तद्विदुः कृत्स्नमध्यात्मं कर्म चाखिलम्।। २९।।

jarāmaraṇamokṣāya mām āśritya yatanti ye|
te brahma tad viduḥ kṛtsnam adhyātmaṃ karma cākhilam|| 29||

साधिभूताधिदैवं मां साधियज्ञं च ये विदुः।
प्रयाणकालेऽपि च मां ते विदुर्युक्तचेतसः।। ३०।।

sādhibhūtādhidaivaṃ māṃ sādhiyajñaṃ ca ye viduḥ|
prayāṇakāle 'pi ca māṃ te vidur yuktacetasaḥ|| 30||

Chapter Eight: तारकब्रह्मयोगः

अर्जुन उवाच

किं तद्ब्रह्म किमध्यात्मं किं कर्म पुरुषोत्तम।
अधिभूतं च किं प्रोक्तमधिदैवं किमुच्यते।। १।।

arjuna uvāca

kiṃ tad brahma kim adhyātmaṃ kiṃ karma puruṣottama|
adhibhūtaṃ ca kiṃ proktam adhidaivaṃ kim ucyate|| 1||

अधियज्ञः कथं को ऽत्र देहे ऽस्मिन्मधुसूदन।
प्रयाणकाले च कथं ज्ञेयो ऽसि नियतात्मभिः।। २।।

adhiyajñaḥ kathaṃ ko 'tra dehe 'smin madhusūdana|
prayāṇakāle ca kathaṃ jñeyo 'si niyatātmabhiḥ|| 2||

श्रीभगवानुवाच

अक्षरं ब्रह्म परमं स्वभावो ऽध्यात्ममुच्यते।
भूतभावोद्भवकरो विसर्गः कर्मसंज्ञितः।। ३।।

śrībhagavān uvāca

akṣaraṃ brahma paramaṃ svabhāvo 'dhyātmam ucyate|
bhūtabhāvodbhavakaro visargaḥ karmasaṃjñitaḥ|| 3||

अधिभूतं क्षरो भावः पुरुषश्चाधिदैवतम्।
अधियज्ञो ऽहमेवात्र देहे देहभृतां वर।। ४।।

adhibhūtaṃ kṣaro bhāvaḥ puruṣaś cādhidaivatam|
adhiyajño 'ham evātra dehe dehabhṛtāṃ vara|| 4||

अन्तकाले च मामेव स्मरन्मुक्त्वा कलेवरम्।
यः प्रयाति स मद्भावं याति नास्त्यत्र संशयः।। ५।।

antakāle ca mām eva smaran muktvā kalevaram|
yaḥ prayāti sa madbhāvaṃ yāti nāsty atra saṃśayaḥ|| 5||

यं यं वापि स्मरन्भावं त्यजत्यन्ते कलेवरम्।
तं तमेवैति कौन्तेय सदा तद्भावभावितः।। ६।।

yaṃ yaṃ vāpi smaran bhāvaṃ tyajaty ante kalevaram|
taṃ tam evaiti kaunteya sadā tadbhāvabhāvitaḥ|| 6||

तस्मात्सर्वेषु कालेषु मामनुस्मर युध्य च।
मय्यर्पितमनोबुद्धिर्मामेवैष्यस्यसंशयः।। ७।।

tasmāt sarveṣu kāleṣu mām anusmara yudhya ca|
mayy arpitamanobuddhir mām evaiṣyasy asaṃśayaḥ|| 7||

अभ्यासयोगयुक्तेन चेतसा नान्यगामिना।
परमं पुरुषं दिव्यं याति पार्थानुचिन्तयन्।। ८।।

abhyāsayogayuktena cetasā nānyagāminā|
paramaṃ puruṣaṃ divyaṃ yāti pārthānucintayan|| 8||

कविं पुराणमनुशासितारम्
अणोरणीयांसमनुस्मरेद्यः।
सर्वस्य धातारमचिन्त्यरूपम्
आदित्यवर्णं तमसः परस्तात्।। ९।।

kaviṃ purāṇam anuśāsitāram
aṇor aṇīyāṃsam anusmared yaḥ|
sarvasya dhātāram acintyarūpam
ādityavarṇaṃ tamasaḥ parastāt|| 9||

प्रयाणकाले मनसाचलेन्
भक्त्या युक्तो योगबलेन चैव।
भ्रुवोर्मध्ये प्राणमावेश्य सम्यक्
स तं परं पुरुषमुपैति दिव्यम्।। १०।।

prayāṇakāle manasācalena
bhaktyā yukto yogabalena caiva|
bhruvor madhye prāṇam āveśya samyak
sa taṃ paraṃ puruṣam upaiti divyam|| 10||

यदक्षरं वेदविदो वदन्ति
विशन्ति यद्यतयो वीतरागाः।
यदिच्छन्तो ब्रह्मचर्यं चरन्ति
तत्ते पदं संग्रहेण प्रवक्ष्ये।। ११।।

yad akṣaraṃ vedavido vadanti
viśanti yad yatayo vītarāgāḥ|
yad icchanto brahmacaryaṃ caranti
tat te padaṃ saṃgraheṇa pravakṣye|| 11||

सर्वद्वाराणि संयम्य मनो हृदि निरुध्य च।
मूर्ध्न्याधायात्मनः प्राणमास्थितो योगधारणाम्।। १२।।

sarvadvārāṇi saṃyamya mano hṛdi nirudhya ca|
mūrdhny ādhāyātmanaḥ prāṇam āsthito yogadhāraṇām|| 12||

ओमित्येकाक्षरं ब्रह्म व्याहरन्मामनुस्मरन्।
यः प्रयाति त्यजन्देहं स याति परमां गतिम्।। १३।।

om ity ekākṣaraṃ brahma vyāharan mām anusmaran|
yaḥ prayāti tyajan dehaṃ sa yāti paramāṃ gatim|| 13||

अनन्यचेताः सततं यो मां स्मरति नित्यशः।
तस्याहं सुलभः पार्थ नित्ययुक्तस्य योगिनः।। १४।।

ananyacetāḥ satataṃ yo māṃ smarati nityaśaḥ|
tasyāhaṃ sulabhaḥ pārtha nityayuktasya yoginaḥ|| 14||

मामुपेत्य पुनर्जन्म दुःखालयमशाश्वतम्।
नाप्नुवन्ति महात्मानः संसिद्धिं परमां गताः।। १५।।

mām upetya punar janma duḥkhālayam aśāśvatam|
nāpnuvanti mahātmānaḥ saṃsiddhiṃ paramāṃ gatāḥ|| 15||

आ ब्रह्मभुवनाँल्लोकाः पुनरावर्तिनो ऽर्जुन।
मामुपेत्य तु कौन्तेय पुनर्जन्म न विद्यते।। १६।।

ā brahmabhuvanā̃l lokāḥ punar āvartino 'rjuna|
mām upetya tu kaunteya punar janma na vidyate|| 16||

सहस्रयुगपर्यन्तमहर्यद्ब्रह्मणो विदुः।
रात्रिं युगसहस्रान्तां ते ऽहोरात्रविदो जनाः।। १७।।

sahasrayugaparyantam ahar yad brahmaṇo viduḥ|
rātriṃ yugasahasrāntāṃ te 'horātravido janāḥ|| 17||

अव्यक्ताद्व्यक्तयः सर्वाः प्रभवन्त्यहरागमे।
रात्र्यागमे प्रलीयन्ते तत्रैवाव्यक्तसंज्ञके।। १८।।

avyaktād vyaktayaḥ sarvāḥ prabhavanty aharāgame|
rātryāgame pralīyante tatraivāvyaktasaṃjñake|| 18||

भूतग्रामः स एवायं भूत्वा भूत्वा प्रलीयते।
रात्र्यागमे ऽवशः पार्थ प्रभवत्यहरागमे।। १९।।

bhūtagrāmaḥ sa evāyaṃ bhūtvā bhūtvā pralīyate|
rātryāgame 'vaśaḥ pārtha prabhavaty aharāgame|| 19||

परस्तस्मात्तु भावो ऽन्यो ऽव्यक्तो ऽव्यक्तात्सनातनः।
यः स सर्वेषु भूतेषु नश्यत्सु न विनश्यति।। २०।।

paras tasmāt tu bhāvo 'nyo 'vyakto 'vyaktāt sanātanaḥ|
yaḥ sa sarveṣu bhūteṣu naśyatsu na vinaśyati|| 20||

अव्यक्तो ऽक्षर इत्युक्तस्तमाहुः परमां गतिम्।
यं प्राप्य न निवर्तन्ते तद्धाम परमं मम।। २१।।

avyakto 'kṣara ity uktas tam āhuḥ paramāṃ gatim|
yaṃ prāpya na nivartante tad dhāma paramaṃ mama|| 21||

पुरुषः स परः पार्थ भक्त्या लभ्यस्त्वनन्यया।
यस्यान्तःस्थानि भूतानि येन सर्वमिदं ततम्।। २२।।

puruṣaḥ sa paraḥ pārtha bhaktyā labhyas tv ananyayā|
yasyāntaḥsthāni bhūtāni yena sarvam idaṃ tatam|| 22||

यत्र काले त्वनावृत्तिमावृत्तिं चैव योगिनः।
प्रयाता यान्ति तं कालं वक्ष्यामि भरतर्षभ।। २३।।

yatra kāle tv anāvṛttim āvṛttiṃ caiva yoginaḥ|
prayātā yānti taṃ kālaṃ vakṣyāmi bharatarṣabha|| 23||

अग्निर्ज्योतिरहः शुक्लः षण्मासा उत्तरायणम्।
तत्र प्रयाता गच्छन्ति ब्रह्म ब्रह्मविदो जनाः।। २४।।

agnir jyotir ahaḥ śuklaḥ ṣaṇmāsā uttarāyaṇam|
tatra prayātā gacchanti brahma brahmavido janāḥ|| 24||

धूमो रात्रिस्तथा कृष्णः षण्मासा दक्षिणायनम्।
तत्र चान्द्रमसं ज्योतिर्योगी प्राप्य निवर्तते।। २५।।

dhūmo rātris tathā kṛṣṇaḥ ṣaṇmāsā dakṣiṇāyanam|
tatra cāndramasaṃ jyotir yogī prāpya nivartate|| 25||

शुक्लकृष्णे गती ह्येते जगतः शाश्वते मते।
एकया यात्यनावृत्तिमन्ययावर्तते पुनः।। २६।।

śuklakṛṣṇe gatī hy ete jagataḥ śāśvate mate|
ekayā yāty anāvṛttim anyayāvartate punaḥ|| 26||

नैते सृती पार्थ जानन् योगी मुह्यति कश्चन।
तस्मात्सर्वेषु कालेषु योगयुक्तो भवार्जुन।। २७।।

naite sṛtī pārtha jānan yogī muhyati kaścana|
tasmāt sarveṣu kāleṣu yogayukto bhavārjuna|| 27||

वेदेषु यज्ञेषु तपःसु चैव
दानेषु यत्पुण्यफलं प्रदिष्टम्।
अत्येति तत्सर्वमिदं विदित्वा
योगी परं स्थानमुपैति चाद्यम्।। २८।।

vedeṣu yajñeṣu tapaḥsu caiva
dāneṣu yat puṇyaphalaṃ pradiṣṭam|
atyeti tat sarvam idaṃ viditvā
yogī paraṃ sthānam upaiti cādyam|| 28||

Chapter Nine: राजगुह्ययोगः

श्रीभगवानुवाच

इदं तु ते गुह्यतमं प्रवक्ष्याम्यनसूयवे।
ज्ञानं विज्ञानसहितं यज्ज्ञात्वा मोक्ष्यसे ऽशुभात्।। १।।

śrībhagavān uvāca

idaṃ tu te guhyatamaṃ pravakṣyāmy anasūyave|
jñānaṃ vijñānasahitaṃ yaj jñātvā mokṣyase 'śubhāt|| 1||

राजविद्या राजगुह्यं पवित्रमिदमुत्तमम्।
प्रत्यक्षावगमं धर्म्यं सुसुखं कर्तुमव्ययम्।। २।।

rājavidyā rājaguhyaṃ pavitram idam uttamam|
pratyakṣāvagamaṃ dharmyaṃ susukhaṃ kartum avyayam|| 2||

अश्रद्दधानाः पुरुषा धर्मस्यास्य परंतप।
अप्राप्य मां निवर्तन्ते मृत्युसंसारवर्त्मनि।। ३।।

aśraddadhānāḥ puruṣā dharmasyāsya paraṃtapa|
aprāpya māṃ nivartante mṛtyusaṃsāravartmani|| 3||

मया ततमिदं सर्वं जगदव्यक्तमूर्तिना।
मत्स्थानि सर्वभूतानि न चाहं तेष्ववस्थितः।। ४।।

mayā tatam idaṃ sarvaṃ jagad avyaktamūrtinā|
matsthāni sarvabhūtāni na cāhaṃ teṣv avasthitaḥ|| 4||

न च मत्स्थानि भूतानि पश्य मे योगमैश्वरम्।
भूतभृन्न च भूतस्थो ममात्मा भूतभावनः।। ५।।

na ca matsthāni bhūtāni paśya me yogam aiśvaram|
bhūtabhṛn na ca bhūtastho mamātmā bhūtabhāvanaḥ|| 5||

यथाकाशस्थितो नित्यं वायुः सर्वत्रगो महान्।
तथा सर्वाणि भूतानि मत्स्थानीत्युपधारय।। ६।।

yathākāśasthito nityaṃ vāyuḥ sarvatrago mahān|
tathā sarvāṇi bhūtāni matsthānīty upadhāraya|| 6||

सर्वभूतानि कौन्तेय प्रकृतिं यान्ति मामिकाम्।
कल्पक्षये पुनस्तानि कल्पादौ विसृजाम्यहम्।। ७।।

sarvabhūtāni kaunteya prakṛtiṃ yānti māmikām|
kalpakṣaye punas tāni kalpādau visṛjāmy aham|| 7||

प्रकृतिं स्वामवष्टभ्य विसृजामि पुनः पुनः।
भूतग्राममिमं कृत्स्नमवशं प्रकृतेर्वशात्।। ८।।

prakṛtiṃ svām avaṣṭabhya visṛjāmi punaḥ punaḥ|
bhūtagrāmam imaṃ kṛtsnam avaśaṃ prakṛter vaśāt|| 8||

न च मां तानि कर्माणि निबध्नन्ति धनंजय।
उदासीनवदासीनमसक्तं तेषु कर्मसु।। ९।।

na ca māṃ tāni karmāṇi nibadhnanti dhanaṃjaya|
udāsīnavad āsīnam asaktaṃ teṣu karmasu|| 9||

मयाध्यक्षेण प्रकृतिः सूयते सचराचरम्।
हेतुनानेन कौन्तेय जगद्विपरिवर्तते।। १०।।

mayādhyakṣeṇa prakṛtiḥ sūyate sacarācaram|
hetunānena kaunteya jagad viparivartate|| 10||

अवजानन्ति मां मूढा मानुषीं तनुमाश्रितम्।
परं भावमजानन्तो मम भूतमहेश्वरम्।। ११।।

avajānanti māṃ mūḍhā mānuṣīṃ tanum āśritam|
paraṃ bhāvam ajānanto mama bhūtamaheśvaram|| 11||

मोघाशा मोघकर्माणो मोघज्ञाना विचेतसः।
राक्षसीमासुरीं चैव प्रकृतिं मोहिनीं श्रिताः।। १२।।

moghāśā moghakarmāṇo moghajñānā vicetasaḥ|
rākṣasīm āsurīṃ caiva prakṛtiṃ mohinīṃ śritāḥ|| 12||

महात्मानस्तु मां पार्थ दैवीं प्रकृतिमाश्रिताः।
भजन्त्यनन्यमनसो ज्ञात्वा भूतादिमव्ययम्।। १३।।

mahātmānas tu māṃ pārtha daivīṃ prakṛtim āśritāḥ|
bhajanty ananyamanaso jñātvā bhūtādim avyayam|| 13||

सततं कीर्तयन्तो मां यतन्तश्च दृढव्रताः।
नमस्यन्तश्च मां भक्त्या नित्ययुक्ता उपासते।। १४।।

satataṃ kīrtayanto māṃ yatantaś ca dṛḍhavratāḥ|
namasyantaś ca māṃ bhaktyā nityayuktā upāsate|| 14||

ज्ञानयज्ञेन चाप्यन्ये यजन्तो मामुपासते।
एकत्वेन पृथक्त्वेन बहुधा विश्वतोमुखम्।। १५।।

jñānayajñena cāpy anye yajanto mām upāsate|
ekatvena pṛthaktvena bahudhā viśvatomukham|| 15||

अहं क्रतुरहं यज्ञः स्वधाहम् अहमौषधम्।
मन्त्रो ऽहमहमेवाज्यमहमग्निरहं हुतम्।। १६।।

ahaṃ kratur ahaṃ yajñaḥ svadhāham aham auṣadham|
mantro 'ham aham evājyam aham agnir ahaṃ hutam|| 16||

पिताहमस्य जगतो माता धाता पितामहः।
वेद्यं पवित्रमोंकार ऋक् साम यजुरेव च।। १७।।

pitāham asya jagato mātā dhātā pitāmahaḥ|
vedyaṃ pavitram oṃkāra ṛk sāma yajur eva ca|| 17||

गतिर्भर्ता प्रभुः साक्षी निवासः शरणं सुहृत्।
प्रभवः प्रलयः स्थानं निधानं बीजमव्ययम्।। १८।।

gatir bhartā prabhuḥ sākṣī nivāsaḥ śaraṇaṃ suhṛt|
prabhavaḥ pralayaḥ sthānaṃ nidhānaṃ bījam avyayam|| 18||

तपाम्यहमहं वर्षं निगृह्णाम्युत्सृजामि च।
अमृतं चैव मृत्युश्च सदसच्चाहमर्जुन।। १९।।

tapāmy aham ahaṃ varṣaṃ nigṛhṇāmy utsṛjāmi ca|
amṛtaṃ caiva mṛtyuś ca sadasac cāham arjuna|| 19||

त्रैविद्या मां सोमपाः पूतपापा
यज्ञैरिष्ट्वा स्वर्गतिं प्रार्थयन्ते।
ते पुण्यमासाद्य सुरेन्द्रलोकम्
अश्नन्ति दिव्यान्दिवि देवभोगान्।। २०।।

traividyā māṃ somapāḥ pūtapāpā
yajñair iṣṭvā svargatiṃ prārthayante|
te puṇyam āsādya surendralokam
aśnanti divyān divi devabhogān|| 20||

ते तं भुक्त्वा स्वर्गलोकं विशालं
क्षीणे पुण्ये मर्त्यलोकं विशन्ति।
एवं त्रयीधर्ममनुप्रपन्ना[27]
गतागतं कामकामा लभन्ते।। २१।।

te taṃ bhuktvā svargalokaṃ viśālaṃ
kṣīṇe puṇye martyalokaṃ viśanti|
evaṃ trayīdharmam anuprapannā
gatāgataṃ kāmakāmā labhante|| 21||

---

[27] Alternate: एवं त्रैधर्म्यमनुप्रपन्ना

अनन्याश्चिन्तयन्तो मां ये जनाः पर्युपासते।
तेषां नित्याभियुक्तानां योगक्षेमं वहाम्यहम्।। २२।।

ananyāś cintayanto māṃ ye janāḥ paryupāsate|
teṣāṃ nityābhiyuktānāṃ yogakṣemaṃ vahāmy aham|| 22||

ये ऽप्यन्यदेवताभक्ता यजन्ते श्रद्धयान्विताः।
ते ऽपि मामेव कौन्तेय यजन्त्यविधिपूर्वकम्।। २३।।

ye 'py anyadevatābhaktā yajante śraddhayānvitāḥ|
te 'pi mām eva kaunteya yajanty avidhipūrvakam|| 23||

अहं हि सर्वयज्ञानां भोक्ता च प्रभुरेव च।
न तु मामभिजानन्ति तत्त्वेनातश्च्यवन्ति ते।। २४।।

ahaṃ hi sarvayajñānāṃ bhoktā ca prabhur eva ca|
na tu mām abhijānanti tattvenātaś cyavanti te|| 24||

यान्ति देवव्रता देवान्पितॄन्यान्ति पितृव्रताः।
भूतानि यान्ति भूतेज्या यान्ति मद्याजिनो ऽपि माम्।। २५।।

yānti devavratā devān pitṝn yānti pitṛvratāḥ|
bhūtāni yānti bhūtejyā yānti madyājino 'pi mām|| 25||

पत्रं पुष्पं फलं तोयं यो मे भक्त्या प्रयच्छति।
तदहं भक्त्युपहृतमश्नामि प्रयतात्मनः।। २६।।

patraṃ puṣpaṃ phalaṃ toyaṃ yo me bhaktyā prayacchati|
tad ahaṃ bhaktyupahṛtam aśnāmi prayatātmanaḥ|| 26||

यत्करोषि यदश्नासि यज्जुहोषि ददासि यत्।
यत्तपस्यसि कौन्तेय तत्कुरुष्व मदर्पणम्।। २७।।

yat karoṣi yad aśnāsi yaj juhoṣi dadāsi yat|
yat tapasyasi kaunteya tat kuruṣva madarpaṇam|| 27||

शुभाशुभफलैरेवं मोक्ष्यसे कर्मबन्धनैः।
संन्यासयोगयुक्तात्मा विमुक्तो मामुपैष्यसि।। २८।।

śubhāśubhaphalair evaṃ mokṣyase karmabandhanaiḥ|
saṃnyāsayogayuktātmā vimukto mām upaiṣyasi|| 28||

समो ऽहं सर्वभूतेषु न मे द्वेष्यो ऽस्ति न प्रियः।
ये भजन्ति तु मां भक्त्या मयि ते तेषु चाप्यहम्।। २९।।

samo 'haṃ sarvabhūteṣu na me dveṣyo 'sti na priyaḥ|
ye bhajanti tu māṃ bhaktyā mayi te teṣu cāpy aham|| 29||

अपि चेत्सुदुराचारो भजते मामनन्यभाक्।
साधुरेव स मन्तव्यः सम्यग्व्यवसितो हि सः।। ३०।।

api cet sudurācāro bhajate mām ananyabhāk|
sādhur eva sa mantavyaḥ samyag vyavasito hi saḥ|| 30||

क्षिप्रं भवति धर्मात्मा शश्वच्छान्तिं निगच्छति।[28]
कौन्तेय प्रतिजानीहि न मे भक्तः प्रणश्यति।। ३१।।

kṣipraṃ bhavati dharmātmā śaśvacchāntiṃ nigacchati|
kaunteya pratijānīhi na me bhaktaḥ praṇaśyati|| 31||

मां हि पार्थ व्यपाश्रित्य ये ऽपि स्युः पापयोनयः।
स्त्रियो वैश्यास्तथा शूद्रास्ते ऽपि यान्ति परां गतिम्।। ३२।।

māṃ hi pārtha vyapāśritya ye 'pi syuḥ pāpayonayaḥ|
striyo vaiśyās tathā śūdrās te 'pi yānti parāṃ gatim|| 32||

किं पुनर्ब्राह्मणाः पुण्या भक्ता राजर्षयस्तथा।
अनित्यमसुखं लोकमिमं प्राप्य भजस्व माम्।। ३३।।

kiṃ punar brāhmaṇāḥ puṇyā bhaktā rājarṣayas tathā|
anityam asukhaṃ lokam imaṃ prāpya bhajasva mām|| 33||

मन्मना भव मद्भक्तो मद्याजी मां नमस्कुरु।
मामेवैष्यसि युक्त्वैवमात्मानं मत्परायणः।। ३४।।

manmanā bhava madbhakto madyājī māṃ namaskuru|
mām evaiṣyasi yuktvaivam ātmānaṃ matparāyaṇaḥ|| 34||

---

[28] Alternate: नियच्छति

Chapter Ten: विभूतियोगः

श्रीभगवानुवाच

भूय एव महाबाहो श्रृणु मे परमं वचः।
यत् ते ऽहं प्रीयमाणाय वक्ष्यामि हितकाम्यया।। १।।

śrībhagavān uvāca

bhūya eva mahābāho śṛṇu me paramaṃ vacaḥ|
yat te 'haṃ prīyamāṇāya vakṣyāmi hitakāmyayā|| 1||

न मे विदुः सुरगणाः प्रभवं न महर्षयः।
अहमादिर्हि देवानां महर्षीणां च सर्वशः।। २।।

na me viduḥ suragaṇāḥ prabhavaṃ na maharṣayaḥ|
aham ādir hi devānāṃ maharṣīṇāṃ ca sarvaśaḥ|| 2||

यो मामजमनादिं च वेत्ति लोकमहेश्वरम्।
असंमूढः स मर्त्येषु सर्वपापैः प्रमुच्यते।। ३।।

yo mām ajam anādiṃ ca vetti lokamaheśvaram|
asaṃmūḍhaḥ sa martyeṣu sarvapāpaiḥ pramucyate|| 3||

बुद्धिर्ज्ञानमसंमोहः क्षमा सत्यं दमः शमः।
सुखं दुःखं भवो ऽभावो भयं चाभयमेव च।। ४।।

buddhir jñānam asaṃmohaḥ kṣamā satyaṃ damaḥ śamaḥ|
sukhaṃ duḥkhaṃ bhavo 'bhāvo bhayaṃ cābhayam eva ca|| 4||

अहिंसा समता तुष्टिस्तपो दानं यशो ऽयशः।
भवन्ति भावा भूतानां मत्त एव पृथग्विधाः।। ५।।

ahiṃsā samatā tuṣṭis tapo dānaṃ yaśo 'yaśaḥ|
bhavanti bhāvā bhūtānāṃ matta eva pṛthagvidhāḥ|| 5||

महर्षयः सप्त पूर्वे चत्वारो मनवस्तथा।
मद्भावा मानसा जाता येषां लोक इमाः प्रजाः।। ६।।

maharṣayaḥ sapta pūrve catvāro manavas tathā|
madbhāvā mānasā jātā yeṣāṃ loka imāḥ prajāḥ|| 6||

एतां विभूतिं योगं च मम यो वेत्ति तत्त्वतः।
सो ऽविकम्पेन[29] योगेन युज्यते नात्र संशयः।। ७।।

etāṃ vibhūtiṃ yogaṃ ca mama yo vetti tattvataḥ|
so 'vikampena yogena yujyate nātra saṃśayaḥ|| 7||

अहं सर्वस्य प्रभवो मत्तः सर्वं प्रवर्तते।
इति मत्वा भजन्ते मां बुधा भावसमन्विताः।। ८।।

ahaṃ sarvasya prabhavo mattaḥ sarvaṃ pravartate|
iti matvā bhajante māṃ budhā bhāvasamanvitāḥ|| 8||

मच्चित्ता मद्गतप्राणा बोधयन्तः परस्परम्।
कथयन्तश्च मां नित्यं तुष्यन्ति च रमन्ति च।। ९।।

maccittā madgataprāṇā bodhayantaḥ parasparam|
kathayantaś ca māṃ nityaṃ tuṣyanti ca ramanti ca|| 9||

तेषां सततयुक्तानां भजतां प्रीतिपूर्वकम्।
ददामि बुद्धियोगं तं येन मामुपयान्ति ते।। १०।।

teṣāṃ satatayuktānāṃ bhajatāṃ prītipūrvakam|
dadāmi buddhiyogaṃ taṃ yena mām upayānti te|| 10||

---

[29] Alternate: सो ऽविकल्पेन

तेषामेवानुकम्पार्थमहमज्ञानजं तमः।
नाशयाम्यात्मभावस्थो ज्ञानदीपेन भास्वता।। ११।।

teṣām evānukampārtham aham ajñānajaṃ tamaḥ|
nāśayāmy ātmabhāvastho jñānadīpena bhāsvatā|| 11||

अर्जुन उवाच

परं ब्रह्म परं धाम पवित्रं परमं भवान्।
पुरुषं शाश्वतं दिव्यमादिदेवमजं विभुम्।। १२।।

arjuna uvāca

paraṃ brahma paraṃ dhāma pavitraṃ paramaṃ bhavān|
puruṣaṃ śāśvataṃ divyam ādidevam ajaṃ vibhum|| 12||

आहुस्त्वामृषयः सर्वे देवर्षिर्नारदस्तथा।
असितो देवलो व्यासः स्वयं चैव ब्रवीषि मे।। १३।।

āhus tvām ṛṣayaḥ sarve devarṣir nāradas tathā|
asito devalo vyāsaḥ svayaṃ caiva bravīṣi me|| 13||

सर्वमेतदृतं मन्ये यन्मां वदसि केशव।
न हि ते भगवन्व्यक्तिं विदुर्देवा न दानवाः।। १४।।

sarvam etad ṛtaṃ manye yan māṃ vadasi keśava|
na hi te bhagavan vyaktiṃ vidur devā na dānavāḥ|| 14||

स्वयमेवात्मनात्मानं वेत्थ त्वं पुरुषोत्तम।
भूतभावन भूतेश देवदेव जगत्पते।। १५।।

svayam evātmanātmānaṃ vettha tvaṃ puruṣottama|
bhūtabhāvana bhūteśa devadeva jagatpate|| 15||

वक्तुमर्हस्यशेषेण दिव्या ह्यात्मविभूतयः।
याभिर्विभूतिभिर्लोकानिमांस्त्वं व्याप्य तिष्ठसि।। १६।।

vaktum arhasy aśeṣeṇa divyā hy ātmavibhūtayaḥ|
yābhir vibhūtibhir lokān imāṃs tvaṃ vyāpya tiṣṭhasi|| 16||

कथं विद्यामहं योगिंस्त्वां सदा परिचिन्तयन्।
केषु केषु च भावेषु चिन्त्यो ऽसि भगवन्मया।। १७।।

katham vidyām aham yogims tvām sadā paricintayan|
keṣu keṣu ca bhāveṣu cintyo 'si bhagavan mayā|| 17||

विस्तरेणात्मनो योगं विभूतिं च जनार्दन।
भूयः कथय तृप्तिर्हि शृण्वतो नास्ति मे ऽमृतम्।। १८।।

vistareṇātmano yogaṃ vibhūtiṃ ca janārdana|
bhūyaḥ kathaya tṛptir hi śṛṇvato nāsti me 'mṛtam|| 18||

श्रीभगवानुवाच

हन्त ते कथयिष्यामि दिव्या ह्यात्मविभूतयः।
प्राधान्यतः कुरुश्रेष्ठ नास्त्यन्तो विस्तरस्य मे।। १९।।

śrībhagavān uvāca

hanta te kathayiṣyāmi divyā hy ātmavibhūtayaḥ|
prādhānyataḥ kuruśreṣṭha nāsty anto vistarasya me|| 19||

अहमात्मा गुडाकेश सर्वभूताशयस्थितः।
अहमादिश्च मध्यं च भूतानामन्त एव च।। २०।।

aham ātmā guḍākeśa sarvabhūtāśayasthitaḥ|
aham ādiś ca madhyaṃ ca bhūtānām anta eva ca|| 20||

आदित्यानामहं विष्णुर्ज्योतिषां रविरंशुमान्।
मरीचिर्मरुतामस्मि नक्षत्राणामहं शशी।। २१।।

ādityānām ahaṃ viṣṇur jyotiṣāṃ ravir aṃśumān|
marīcir marutām asmi nakṣatrāṇām ahaṃ śaśī|| 21||

वेदानां सामवेदो ऽस्मि देवानामस्मि वासवः।
इन्द्रियाणां मनश्चास्मि भूतानामस्मि चेतना।। २२।।

vedānāṃ sāmavedo 'smi devānām asmi vāsavaḥ|
indriyāṇāṃ manaś cāsmi bhūtānām asmi cetanā|| 22||

रुद्राणां शंकरश्चास्मि वित्तेशो यक्षरक्षसाम्।
वसूनां पावकश्चास्मि मेरुः शिखरिणामहम्।। २३।।

rudrāṇāṃ śaṃkaraś cāsmi vitteśo yakṣarakṣasām|
vasūnāṃ pāvakaś cāsmi meruḥ śikhariṇām aham|| 23||

पुरोधसां च मुख्यं मां विद्धि पार्थ बृहस्पतिम्।
सेनानीनामहं स्कन्दः सरसामस्मि सागरः।। २४।।

purodhasāṃ ca mukhyaṃ māṃ viddhi pārtha bṛhaspatim|
senānīnām ahaṃ skandaḥ sarasām asmi sāgaraḥ|| 24||

महर्षीणां भृगुरहं गिरामस्म्येकमक्षरम्।
यज्ञानां जपयज्ञो ऽस्मि स्थावराणां हिमालयः।। २५।।

maharṣīṇāṃ bhṛgur ahaṃ girām asmy ekam akṣaram|
yajñānāṃ japayajño 'smi sthāvarāṇāṃ himālayaḥ|| 25||

अश्वत्थः सर्ववृक्षाणां देवर्षीणां च नारदः।
गन्धर्वाणां चित्ररथः सिद्धानां कपिलो मुनिः।। २६।।

aśvatthaḥ sarvavṛkṣāṇāṃ devarṣīṇāṃ ca nāradaḥ|
gandharvāṇāṃ citrarathaḥ siddhānāṃ kapilo muniḥ|| 26||

उच्चैःश्रवसमश्वानां विद्धि माममृतोद्भवम्।
ऐरावतं गजेन्द्राणां नराणां च नराधिपम्।। २७।।

uccaiḥśravasam aśvānāṃ viddhi mām amṛtodbhavam|
airāvataṃ gajendrāṇāṃ narāṇāṃ ca narādhipam|| 27||

आयुधानामहं वज्रं धेनूनामस्मि कामधुक्।
प्रजनश्चास्मि कन्दर्पः सर्पाणामस्मि वासुकिः।। २८।।

āyudhānām ahaṃ vajraṃ dhenūnām asmi kāmadhuk|
prajanaś cāsmi kandarpaḥ sarpāṇām asmi vāsukiḥ|| 28||

अनन्तश्चास्मि नागानां वरुणो यादसामहम्।
पितृणामर्यमा चास्मि यमः संयमतामहम्।। २९।।

anantaś cāsmi nāgānāṃ varuṇo yādasām aham|
pitṝṇām aryamā cāsmi yamaḥ saṃyamatām aham|| 29||

प्रह्लादश्चास्मि दैत्यानां कालः कलयतामहम्।
मृगाणां च मृगेन्द्रो ऽहं वैनतेयश्च पक्षिणाम्।। ३०।।

prahlādaś cāsmi daityānāṃ kālaḥ kalayatām aham|
mṛgāṇāṃ ca mṛgendro 'haṃ vainateyaś ca pakṣiṇām|| 30||

पवनः पवतामस्मि रामः शस्त्रभृतामहम्।
झषाणां मकरश्चास्मि स्रोतसामस्मि जाह्नवी।। ३१।।

pavanaḥ pavatām asmi rāmaḥ śastrabhṛtām aham|
jhaṣāṇāṃ makaraś cāsmi srotasām asmi jāhnavī|| 31||

सर्गाणामादिरन्तश्च मध्यं चैवाहमर्जुन।
अध्यात्मविद्या विद्यानां वादः प्रवदतामहम्।। ३२।।

sargāṇām ādir antaś ca madhyaṃ caivāham arjuna|
adhyātmavidyā vidyānāṃ vādaḥ pravadatām aham|| 32||

अक्षराणामकारो ऽस्मि द्वन्द्वः सामासिकस्य च।
अहमेवाक्षयः कालो धाताहं विश्वतोमुखः।। ३३।।

akṣarāṇām akāro 'smi dvandvaḥ sāmāsikasya ca|
aham evākṣayaḥ kālo dhātāhaṃ viśvatomukhaḥ|| 33||

मृत्युः सर्वहरश्चाहमुद्भवश्च भविष्यताम्।
कीर्तिः श्रीर्वाक् च नारीणां स्मृतिर्मेधा धृतिः क्षमा।। ३४।।

mṛtyuḥ sarvaharaś cāham udbhavaśca bhaviṣyatām|
kīrtiḥ śrīr vāk ca nārīṇāṃ smṛtir medhā dhṛtiḥ kṣamā|| 34||

बृहत्साम तथा साम्नां गायत्री छन्दसामहम्।
मासानां मार्गशीर्षो ऽहमृतूनां कुसुमाकरः।। ३५।।

bṛhatsāma tathā sāmnāṃ gāyatrī chandasām aham|
māsānāṃ mārgaśīrṣo 'ham ṛtūnāṃ kusumākaraḥ|| 35||

द्यूतं छलयतामस्मि तेजस्तेजस्विनामहम्।
जयो ऽस्मि व्यवसायो ऽस्मि सत्त्वं सत्त्ववतामहम्।। ३६।।

dyūtaṃ chalayatām asmi tejas tejasvinām aham|
jayo 'smi vyavasāyo 'smi sattvaṃ sattvavatām aham|| 36||

वृष्णीनां वासुदेवो ऽस्मि पाण्डवानां धनंजयः।
मुनीनामप्यहं व्यासः कवीनामुशना कविः।। ३७।।

vṛṣṇīnāṃ vāsudevo 'smi pāṇḍavānāṃ dhanaṃjayaḥ|
munīnām apy ahaṃ vyāsaḥ kavīnām uśanā kaviḥ|| 37||

दण्डो दमयतामस्मि नीतिरस्मि जिगीषताम्।
मौनं चैवास्मि गुह्यानां ज्ञानं ज्ञानवतामहम्।। ३८।।

daṇḍo damayatām asmi nītir asmi jigīṣatām|
maunaṃ caivāsmi guhyānāṃ jñānaṃ jñānavatām aham|| 38||

यच्चापि सर्वभूतानां बीजं तदहमर्जुन।
न तदस्ति विना यत्स्यान्मया भूतं चराचरम्।। ३९।।

yac cāpi sarvabhūtānāṃ bījaṃ tad aham arjuna|
tad asti vinā yat syān mayā bhūtaṃ caracaram|| 39||

नान्तो ऽस्ति मम दिव्यानां विभूतीनां परंतप।
एष तूद्देशतः प्रोक्तो विभूतेर्विस्तरो मया।। ४०।।

nānto 'sti mama divyānāṃ vibhūtīnāṃ paraṃtapa|
eṣa tūddeśataḥ prokto vibhūter vistaro mayā|| 40||

यद्यद्विभूतिमत्सत्त्वं श्रीमदूर्जितमेव वा।
तत्तदेवावगच्छ त्वं मम तेजोंशसंभवम्।। ४१।।

yad yad vibhūtimat sattvaṃ śrīmadūrjitam eva vā|
tat tad evāvagaccha tvaṃ mama tejoṃśasaṃbhavam|| 41||

अथ वा बहुनैतेन किं ज्ञातेन तवार्जुन।
विष्टभ्याहमिदं कृत्स्नमेकांशेन स्थितो जगत्।। ४२।।

atha vā bahunaitena kiṃ jñātena tavārjuna|
viṣṭabhyāham idaṃ kṛtsnam ekāṃśena sthito jagat|| 42||

Chapter Eleven: विश्वरूपदर्शनयोगः

अर्जुन उवाच

मदनुग्रहाय परमं गुह्यमध्यात्मसंज्ञितम्।
यत्त्वयोक्तं वचस्तेन मोहो ऽयं विगतो मम।। १।।

arjuna uvāca

madanugrahāya paramaṃ guhyam adhyātmasaṃjñitam|
yat tvayoktaṃ vacas tena moho 'yaṃ vigato mama|| 1||

भवाप्ययौ हि भूतानां श्रुतौ विस्तरशो मया।
त्वत्तः कमलपत्राक्ष माहात्म्यमपि चाव्ययम्।। २।।

bhavāpyayau hi bhūtānāṃ śrutau vistaraśo mayā|
tvattaḥ kamalapatrākṣa māhātmyam api cāvyayam|| 2||

एवमेतद्यथात्थ त्वमात्मानं परमेश्वर।
द्रष्टुमिच्छामि ते रूपमैश्वरं पुरुषोत्तम।। ३।।

evam etad yathāttha tvam ātmānaṃ parameśvara|
draṣṭum icchāmi te rūpam aiśvaraṃ puruṣottama|| 3||

मन्यसे यदि तच्छक्यं मया द्रष्टुमिति प्रभो।
योगेश्वर ततो मे त्वं दर्शयात्मानमव्ययम्।। ४।।

manyase yadi tac chakyaṃ mayā draṣṭum iti prabho|
yogeśvara tato me tvaṃ darśayātmānam avyayam|| 4||

श्रीभगवानुवाच

पश्य मे पार्थ रूपाणि शतशो ऽथ सहस्रशः।
नानाविधानि दिव्यानि नानावर्णाकृतीनि च।। ५।।

śrībhagavān uvāca

paśya me pārtha rūpāṇi śataśo 'tha sahasraśaḥ|
nānāvidhāni divyāni nānāvarṇākṛtīni ca|| 5||

पश्यादित्यान् वसून् रुद्रान् अश्विनौ मरुतस्तथा।
बहून्यदृष्टपूर्वाणि पश्याश्चर्याणि भारत।। ६।।

paśyādityān vasūn rudrān aśvinau marutas tathā|
bahūny adṛṣṭapūrvāṇi paśyāścaryāṇi bhārata|| 6||

इहैकस्थं जगत्कृत्स्नं पश्याद्य सचराचरम्।
मम देहे गुडाकेश यच्चान्यद्द्रष्टुम् इच्छसि।। ७।।

ihaikasthaṃ jagat kṛtsnaṃ paśyādya sacarācaram|
mama dehe guḍākeśa yac cānyad draṣṭum icchasi|| 7||

न तु मां शक्यसे द्रष्टुमनेनैव स्वचक्षुषा।
दिव्यं ददामि ते चक्षुः पश्य मे योगमैश्वरम्।। ८।।

na tu māṃ śakyase draṣṭum anenaiva svacakṣuṣā|
divyaṃ dadāmi te cakṣuḥ paśya me yogam aiśvaram|| 8||

संजय उवाच

एवमुक्त्वा ततो राजन्महायोगेश्वरो हरिः।
दर्शयामास पार्थाय परमं रूपमैश्वरम्।। ९।।

saṃjaya uvāca

evam uktvā tato rājan mahāyogeśvaro hariḥ|
darśayāmāsa pārthāya paramaṃ rūpam aiśvaram|| 9||

अनेकवक्त्रनयनमनेकाद्भुतदर्शनम्।
अनेकदिव्याभरणं दिव्यानेकोद्यतायुधम्।। १०।।

anekavaktranayanam anekādbhutadarśanam|
anekadivyābharaṇaṃ divyānekodyatāyudham|| 10||

दिव्यमाल्याम्बरधरं दिव्यगन्धानुलेपनम्।
सर्वाश्चर्यमयं देवमनन्तं विश्वतोमुखम्।। ११।।

divyamālyāmbaradharaṃ divyagandhānulepanam|
sarvāścaryamayaṃ devam anantaṃ viśvatomukham|| 11||

दिवि सूर्यसहस्रस्य भवेद्युगपदुत्थिता।
यदि भाः सदृशी सा स्याद्भासस्तस्य महात्मनः।। १२।।

divi sūryasahasrasya bhaved yugapad utthitā|
yadi bhāḥ sadṛśī sā syād bhāsas tasya mahātmanaḥ|| 12||

तत्रैकस्थं जगत्कृत्स्नं प्रविभक्तमनेकधा।
अपश्यद्देवदेवस्य शरीरे पाण्डवस्तदा।। १३।।

tatraikasthaṃ jagat kṛtsnaṃ pravibhaktam anekadhā|
apaśyad devadevasya śarīre pāṇḍavas tadā|| 13||

ततः स विस्मयाविष्टो हृष्टरोमा धनंजयः।
प्रणम्य शिरसा देवं कृताञ्जलिरभाषत।। १४।।

tataḥ sa vismayāviṣṭo hṛṣṭaromā dhanaṃjayaḥ|
praṇamya śirasā devaṃ kṛtāñjalir abhāṣata|| 14||

अर्जुन उवाच

पश्यामि देवांस्तव देव देहे
सर्वांस्तथा भूतविशेषसंघान्।
ब्रह्माणमीशं कमलासनस्थम्
ऋषींश्च सर्वानुरगांश्च दिव्यान्।। १५।।

arjuna uvāca

paśyāmi devāṃs tava deva dehe
sarvāṃs tathā bhūtaviśeṣasaṃghān|
brahmāṇam īśaṃ kamalāsanastham
ṛṣīṃś ca sarvān uragāṃś ca divyān|| 15||

अनेकबाहूदरवक्त्रनेत्रं
पश्यामि त्वा सर्वतो ऽनन्तरूपम्।
नान्तं न मध्यं न पुनस्तवादिं
पश्यामि विश्वेश्वर विश्वरूप।। १६।।

anekabāhūdaravaktranetraṃ
paśyāmi tvā sarvato 'nantarūpam|
nāntaṃ na madhyaṃ na punas tavādiṃ
paśyāmi viśveśvara viśvarūpa|| 16||

किरीटिनं गदिनं चक्रिणं च
तेजोराशिं सर्वतो दीप्तिमन्तम्।
पश्यामि त्वां दुर्निरीक्ष्यं समन्ताद्
दीप्तानलार्कद्युतिमप्रमेयम्।। १७।।

kirīṭinaṃ gadinaṃ cakriṇaṃ ca
tejorāśiṃ sarvato dīptimantam|
paśyāmi tvāṃ durnirīkṣyaṃ samantād
dīptānalārkadyutim aprameyam|| 17||

त्वमक्षरं परमं वेदितव्यं
त्वमस्य विश्वस्य परं निधानम्।
त्वमव्ययः शाश्वतधर्मगोप्ता
सनातनस्त्वं पुरुषो मतो मे।। १८।।

tvam akṣaraṃ paramaṃ veditavyaṃ
tvam asya viśvasya paraṃ nidhānam|
tvam avyayaḥ śāśvatadharmagoptā
sanātanas tvaṃ puruṣo mato me|| 18||

अनादिमध्यान्तमनन्तवीर्यम्
अनन्तबाहुं शशिसूर्यनेत्रम्।

पश्यामि त्वां दीप्तहुताशवक्त्रं
स्वतेजसा विश्वमिदं तपन्तम्।। १९।।

anādimadhyāntam anantavīryam
anantabāhuṃ śaśisūryanetram|
paśyāmi tvāṃ dīptahutāśavaktraṃ
svatejasā viśvam idaṃ tapantam|| 19||

द्यावापृथिव्योरिदमन्तरं हि
व्याप्तं त्वयैकेन दिशश्च सर्वाः।
दृष्ट्वाद्भुतं रूपमिदं तवोग्रं[30]
लोकत्रयं प्रव्यथितं महात्मन्।। २०।।

dyāvāpṛthivyor idam antaraṃ hi
vyāptaṃ tvayaikena diśaś ca sarvāḥ|
dṛṣṭvādbhutaṃ rūpam idaṃ tavograṃ
lokatrayaṃ pravyathitaṃ mahātman|| 20||

अमी हि त्वां सुरसंघा[31] विशन्ति
केचिद्भीताः प्राञ्जलयो गृणन्ति।
स्वस्तीत्युक्त्वा महर्षिसिद्धसंघाः
स्तुवन्ति त्वां स्तुतिभिः पुष्कलाभिः।। २१।।

amī hi tvāṃ surasaṃghā viśanti
kecid bhītāḥ prāñjalayo gṛṇanti|
svastīty uktvā maharṣisiddhasaṃghāḥ
stuvanti tvāṃ stutibhiḥ puṣkalābhiḥ|| 21||

रुद्रादित्या वसवो ये च साध्या
विश्वे ऽश्विनौ मरुतश्चोष्मपाश्च।
गन्धर्वयक्षासुरसिद्धसंघा
वीक्षन्ते त्वां विस्मिताश्चैव सर्वे।। २२।।

---

[30]Alternate: रूपमुग्रं तवेदम्

[31]Alternate: त्वाऽसुरसङ्घाः

rudrādityā vasavo ye ca sādhyā
viśve 'śvinau marutaś coṣmapāś ca|
gandharvayakṣāsurasiddhasaṃghā
vīkṣante tvāṃ vismitāś caiva sarve|| 22||

रूपं महत्ते बहुवक्त्रनेत्रं
महाबाहो बहुबाहूरुपादम्।
बहूदरं बहुदंष्ट्राकरालं
दृष्ट्वा लोकाः प्रव्यथितास्तथाहम्।। २३।।

rūpaṃ mahat te bahuvaktranetraṃ
mahābāho bahubāhūrupādam|
bahūdaraṃ bahudaṃṣṭrākarālaṃ
dṛṣṭvā lokāḥ pravyathitās tathāham|| 23||

नभःस्पृशं दीप्तमनेकवर्णं
व्यात्ताननं दीप्तविशालनेत्रम्।
दृष्ट्वा हि त्वां प्रव्यथितान्तरात्मा
धृतिं न विन्दामि शमं च विष्णो।। २४।।

nabhaḥspṛśaṃ dīptam anekavarṇaṃ
vyāttānanaṃ dīptaviśālanetram|
dṛṣṭvā hi tvāṃ pravyathitāntarātmā
dhṛtiṃ na vindāmi śamaṃ ca viṣṇo|| 24||

दंष्ट्राकरालानि च ते मुखानि
दृष्ट्वैव कालानलसंनिभानि।
दिशो न जाने न लभे च शर्म
प्रसीद देवेश जगन्निवास।। २५।।

daṃṣṭrākarālāni ca te mukhāni
dṛṣṭvaiva kālānalasaṃnibhāni|
diśo na jāne na labhe ca śarma
prasīda deveśa jagannivāsa|| 25||

अमी च त्वां धृतराष्ट्रस्य पुत्राः
सर्वे सहैवावनिपालसंघैः।

भीष्मो द्रोणः सूतपुत्रस्तथासौ
सहास्मदीयैरपि योधमुख्यैः।। २६।।

amī ca tvāṃ dhṛtarāṣṭrasya putrāḥ
sarve sahaivāvanipālasaṃghaiḥ|
bhīṣmo droṇaḥ sūtaputras tathāsau
sahāsmadīyair api yodhamukhyaiḥ|| 26||

वक्त्राणि ते त्वरमाणा विशन्ति
दंष्ट्राकरालानि भयानकानि।
केचिद्विलग्ना दशनान्तरेषु
संदृश्यन्ते चूर्णितैरुत्तमाङ्गैः।। २७।।

vaktrāṇi te tvaramāṇā viśanti
daṃṣṭrākarālāni bhayānakāni|
kecid vilagnā daśanāntareṣu
saṃdṛśyante cūrṇitair uttamāṅgaiḥ|| 27||

यथा नदीनां बहवो ऽम्बुवेगाः
समुद्रमेवाभिमुखा द्रवन्ति।
तथा तवामी नरलोकवीरा
विशन्ति वक्त्राण्यभिविज्वलन्ति।। २८।।

yathā nadīnāṃ bahavo 'mbuvegāḥ
samudram evābhimukhā dravanti|
tathā tavāmī naralokavīrā
viśanti vaktrāṇy abhivijvalanti|| 28||

यथा प्रदीप्तं ज्वलनं पतंगा
विशन्ति नाशाय समृद्धवेगाः।
तथैव नाशाय विशन्ति लोका-
स्तवापि वक्त्राणि समृद्धवेगाः।। २९।।

yathā pradīptaṃ jvalanaṃ pataṃgā
viśanti nāśāya samṛddhavegāḥ|
tathaiva nāśāya viśanti lokās
tavāpi vaktrāṇi samṛddhavegāḥ|| 29||

लेलिह्यसे ग्रसमानः समन्ताल्
लोकान् समग्रान् वदनैर्ज्वलद्भिः।
तेजोभिरापूर्य जगत्समग्रं
भासस्तवोग्राः प्रतपन्ति विष्णो।। ३०।।

lelihyase grasamānaḥ samantāl
lokān samagrān vadanair jvaladbhiḥ|
tejobhir āpūrya jagat samagraṃ
bhāsas tavogrāḥ pratapanti viṣṇo|| 30||

आख्याहि मे को भवानुग्ररूपो
नमो ऽस्तु ते देववर प्रसीद।
विज्ञातुमिच्छामि भवन्तमाद्यं
न हि प्रजानामि तव प्रवृत्तिम्।। ३१।।

ākhyāhi me ko bhavān ugrarūpo
namo 'stu te devavara prasīda|
vijñātum icchāmi bhavantam ādyaṃ
na hi prajānāmi tava pravṛttim|| 31||

श्रीभगवानुवाच

कालो ऽस्मि लोकक्षयकृत्प्रवृद्धो
लोकान्समाहर्तुमिह प्रवृत्तः।
ऋते ऽपि त्वा न भविष्यन्ति सर्वे
ये ऽवस्थिताः प्रत्यनीकेषु योधाः।। ३२।।

śrībhagavān uvāca

kālo 'smi lokakṣayakṛt pravṛddho
lokān samāhartum iha pravṛttaḥ|
ṛte 'pi tvā na bhaviṣyanti sarve
ye 'vasthitāḥ pratyanīkeṣu yodhāḥ|| 32||

तस्मात्त्वमुत्तिष्ठ यशो लभस्व
जित्वा शत्रून्भुङ्क्ष्व राज्यं समृद्धम्।

मयैवैते निहताः पूर्वमेव
निमित्तमात्रं भव सव्यसाचिन्।। ३३।।

tasmāt tvam uttiṣṭha yaśo labhasva
jitvā śatrūn bhuṅkṣva rājyaṃ samṛddham|
mayaivaite nihatāḥ pūrvam eva
nimittamātraṃ bhava savyasācin|| 33||

द्रोणं च भीष्मं च जयद्रथं च
कर्णं तथान्यानपि योधवीरान्।
मया हतांस् त्वं जहि मा व्यथिष्ठा
युध्यस्व जेतासि रणे सपत्नान्।। ३४।।

droṇaṃ ca bhīṣmaṃ ca jayadrathaṃ ca
karṇaṃ tathānyān api yodhavīrān|
mayā hatāṃstvaṃ jahi mā vyathiṣṭhā
yudhyasva jetāsi raṇe sapatnān|| 34||

संजय उवाच

एतच्छ्रुत्वा वचनं केशवस्य
कृताञ्जलिर्वेपमानः किरीटी।
नमस्कृत्वा भूय एवाह कृष्णं
सगद्गदं भीतभीतः प्रणम्य।। ३५।।

saṃjaya uvāca

etac chrutvā vacanaṃ keśavasya
kṛtāñjalir vepamānaḥ kirīṭī|
namaskṛtvā bhūya evāha kṛṣṇaṃ
sagadgadaṃ bhītabhītaḥ praṇamya|| 35||

अर्जुन उवाच

स्थाने हृषीकेश तव प्रकीर्त्या
जगत्प्रहृष्यत्यनुरज्यते च।

रक्षांसि भीतानि दिशो द्रवन्ति
सर्वे नमस्यन्ति च सिद्धसंघाः।। ३६।।

arjuna uvāca

sthāne hṛṣīkeśa tava prakīrtyā
jagat prahṛṣyaty anurajyate ca|
rakṣāṃsi bhītāni diśo dravanti
sarve namasyanti ca siddhasaṃghāḥ|| 36||

कस्माच्च ते न नमेरन्महात्मन्
गरीयसे ब्रह्मणो ऽप्यादिकर्त्रे।
अनन्त देवेश जगन्निवास
त्वमक्षरं सदसत्तत्परं यत्।। ३७।।

kasmāc ca te na nameran mahātman
garīyase brahmaṇo 'pyādikartre|
ananta deveśa jagannivāsa
tvam akṣaraṃ sadasat tatparaṃ yat|| 37||

त्वमादिदेवः पुरुषः पुराण-
स्त्वमस्य विश्वस्य परं निधानम्।
वेत्तासि वेद्यं च परं च धाम
त्वया ततं विश्वमनन्तरूप।। ३८।।

tvam ādidevaḥ puruṣaḥ purāṇas
tvam asya viśvasya paraṃ nidhānam|
vettāsi vedyaṃ ca paraṃ ca dhāma
tvayā tataṃ viśvam anantarūpa|| 38||

वायुर्यमो ऽग्निर्वरुणः शशाङ्कः
प्रजापतिस्त्वं प्रपितामहश्च।
नमो नमस्ते ऽस्तु सहस्रकृत्वः
पुनश्च भूयो ऽपि नमो नमस्ते।। ३९।।

vāyur yamo 'gnir varuṇaḥ śaśāṅkaḥ
prajāpatis tvaṃ prapitāmahaś ca|

namo namaste 'stu sahasrakṛtvaḥ
punaś ca bhūyo 'pi namo namas te|| 39||

नमः पुरस्तादथ पृष्ठतस्ते
नमो ऽस्तु ते सर्वत एव सर्व।
अनन्तवीर्यामितविक्रमस्त्वं
सर्वं समाप्नोषि ततो ऽसि सर्वः।। ४०।।

namaḥ purastād atha pṛṣṭhatas te
namo 'stu te sarvata eva sarva|
anantavīryāmitavikramas tvaṃ
sarvaṃ samāpnoṣi tato 'si sarvaḥ|| 40||

सखेति मत्वा प्रसभं यदुक्तं
हे कृष्ण हे यादव हे सखेति।
अजानता महिमानं तवेदं
मया प्रमादात्प्रणयेन वापि।। ४१।।

sakheti matvā prasabhaṃ yad uktaṃ
he kṛṣṇa he yādava he sakheti|
ajānatā mahimānaṃ tavedaṃ
mayā pramādāt praṇayena vāpi|| 41||

यच्चावहासार्थमसत्कृतो ऽसि
विहारशय्यासनभोजनेषु।
एको ऽथ वाप्यच्युत तत्समक्षं
तत्क्षामये त्वामहमप्रमेयम्।। ४२।।

yac cāvahāsārtham asatkṛto 'si
vihāraśayyāsanabhojaneṣu|
eko 'tha vāpy acyuta tat samakṣaṃ
tat kṣāmaye tvām aham aprameyam|| 42||

पितासि लोकस्य चराचरस्य
त्वमस्य पूज्यश्च गुरुर्गरीयान्।

न त्वत्समो ऽस्त्यभ्यधिकः कुतो ऽन्यो
लोकत्रये ऽप्यप्रतिमप्रभाव।। ४३।।

pitāsi lokasya carācarasya
tvam asya pūjyaś ca gurur garīyān|
na tvatsamo 'sty abhyadhikaḥ kuto 'nyo
lokatraye 'py apratimaprabhāva|| 43||

तस्मात्प्रणम्य प्रणिधाय कायं
प्रसादये त्वामहमीशमीड्यम्।
पितेव पुत्रस्य सखेव सख्युः
प्रियः प्रियायार्हसि देव सोढुम्।। ४४।।

tasmāt praṇamya praṇidhāya kāyaṃ
prasādaye tvām aham īśam īḍyam|
piteva putrasya sakheva sakhyuḥ
priyaḥ priyāyārhasi deva soḍhum|| 44||

अदृष्टपूर्वं हृषितो ऽस्मि दृष्ट्वा
भयेन च प्रव्यथितं मनो मे।
तदेव मे दर्शय देव रूपं
प्रसीद देवेश जगन्निवास।। ४५।।

adṛṣṭapūrvaṃ hṛṣito 'smi dṛṣṭvā
bhayena ca pravyathitaṃ mano me|
tad eva me darśaya deva rūpaṃ
prasīda deveśa jagannivāsa|| 45||

किरीटिनं गदिनं चक्रहस्त-
मिच्छामि त्वां द्रष्टुमहं तथैव।
तेनैव रूपेण चतुर्भुजेन
सहस्रबाहो भव विश्वमूर्ते।। ४६।।

kirīṭinaṃ gadinaṃ cakrahastam
icchāmi tvāṃ draṣṭum ahaṃ tathaiva|
tenaiva rūpeṇa caturbhujena
sahasrabāho bhava viśvamūrte|| 46||

श्रीभगवानुवाच

मया प्रसन्नेन तवार्जुनेदं
रूपं परं दर्शितमात्मयोगात्।
तेजोमयं विश्वमनन्तमाद्यं
यन्मे त्वदन्येन न दृष्टपूर्वम्।। ४७।।

śrībhagavān uvāca

mayā prasannena tavārjunedaṃ
rūpaṃ paraṃ darśitam ātmayogāt|
tejomayaṃ viśvam anantam ādyaṃ
yan me tvadanyena na dṛṣṭapūrvam|| 47||

न वेद यज्ञाध्ययनैर्न दानै-
र्न च क्रियाभिर्न तपोभिरुग्रैः।
एवंरूपः शक्य अहं नृलोके
द्रष्टुं त्वदन्येन कुरुप्रवीर।। ४८।।

na veda yajñādhyayanair na dānair
na ca kriyābhir na tapobhir ugraiḥ|
evaṃrūpaḥ śakya ahaṃ nṛloke
draṣṭuṃ tvadanyena kurupravīra|| 48||

मा ते व्यथा मा च विमूढभावो
दृष्ट्वा रूपं घोरमीदृङ्ममेदम्।
व्यपेतभीः प्रीतमनाः पुनस्त्वं
तदेव मे रूपमिदं प्रपश्य।। ४९।।

mā te vyathā mā ca vimūḍhabhāvo
dṛṣṭvā rūpaṃ ghoram īdṛṅ mamedam|
vyapetabhīḥ prītamanāḥ punas tvaṃ
tad eva me rūpam idaṃ prapaśya|| 49||

संजय उवाच

इत्यर्जुनं वासुदेवस्तथोक्त्वा
स्वकं रूपं दर्शयामास भूयः।

आश्वासयामास च भीतमेनं
भूत्वा पुनः सौम्यवपुर्महात्मा।। ५०।।

saṃjaya uvāca

ity arjunaṃ vāsudevas tathoktvā
svakaṃ rūpaṃ darśayāmāsa bhūyaḥ|
āśvāsayāmāsa ca bhītam enaṃ
bhūtvā punaḥ saumyavapur mahātmā|| 50||

अर्जुन उवाच

दृष्ट्वेदं मानुषं रूपं तव सौम्यं जनार्दन।
इदानीमस्मि संवृत्तः सचेताः प्रकृतिं गतः।। ५१।।

arjuna uvāca

dṛṣṭvedaṃ mānuṣaṃ rūpaṃ tava saumyaṃ janārdana|
idānīm asmi saṃvṛttaḥ sacetāḥ prakṛtiṃ gataḥ|| 51||

श्रीभगवानुवाच

सुदुर्दर्शमिदं रूपं दृष्टवानसि यन्मम।
देवा अप्यस्य रूपस्य नित्यं दर्शनकाङ्क्षिणः।। ५२।।

śrībhagavān uvāca

sudurdarśam idaṃ rūpaṃ dṛṣṭavān asi yan mama|
devā apy asya rūpasya nityaṃ darśanakāṅkṣiṇaḥ|| 52||

नाहं वेदैर्न तपसा न दानेन न चेज्यया।
शक्य एवंविधो द्रष्टुं दृष्टवानसि मां यथा।। ५३।।

nāhaṃ vedair na tapasā na dānena na cejyayā|
śakya evaṃvidho draṣṭuṃ dṛṣṭavān asi māṃ yathā|| 53||

भक्त्या त्वनन्यया शक्य अहमेवंविधो ऽर्जुन।
ज्ञातुं द्रष्टुं च तत्त्वेन प्रवेष्टुं च परंतप।। ५४।।

bhaktyā tvananyayā śakya aham evaṃvidho 'rjuna|
jñātuṃ draṣṭuṃ ca tattvena praveṣṭuṃ ca paraṃtapa|| 54||

मत्कर्मकृन्मत्परमो मद्भक्तः सङ्गवर्जितः।
निर्वैरः सर्वभूतेषु यः स मामेति पाण्डव।। ५५।।

matkarmakṛn matparamo madbhaktaḥ saṅgavarjitaḥ|
nirvairaḥ sarvabhūteṣu yaḥ sa mām eti pāṇḍava|| 55||

Chapter Twelve: भक्तियोगः

अर्जुन उवाच

एवं सततयुक्ता ये भक्तास्त्वां पर्युपासते।
ये चाप्यक्षरमव्यक्तं तेषां के योगवित्तमाः।। १।।

arjuna uvāca

evaṃ satatayuktā ye bhaktāstvāṃ paryupāsate|
ye cāpyakṣaram avyaktaṃ teṣāṃ ke yogavittamāḥ|| 1||

श्रीभगवानुवाच

मय्यावेश्य मनो ये मां नित्ययुक्ता उपासते।
श्रद्धया परयोपेतास्ते मे युक्ततमा मताः।। २।।

śrībhagavān uvāca

mayy āveśya mano ye māṃ nityayuktā upāsate|
śraddhayā parayopetās te me yuktatamā matāḥ|| 2||

ये त्वक्षरमनिर्देश्यमव्यक्तं पर्युपासते।
सर्वत्रगमचिन्त्यं च कूटस्थमचलं ध्रुवम्।। ३।।

ye tv akṣaram anirdeśyam avyaktaṃ paryupāsate|
sarvatragam acintyaṃ ca kūṭastham acalaṃ dhruvam|| 3||

संनियम्येन्द्रियग्रामं सर्वत्र समबुद्धयः।
ते प्राप्नुवन्ति मामेव सर्वभूतहिते रताः।। ४।।

saṃniyamyendriyagrāmaṃ sarvatra samabuddhayaḥ|
te prāpnuvanti mām eva sarvabhūtahite ratāḥ|| 4||

क्लेशो ऽधिकतरस्तेषामव्यक्तासक्तचेतसाम्।
अव्यक्ता हि गतिर्दुःखं देहवद्भिरवाप्यते।। ५।।

kleśo 'dhikataras teṣām avyaktāsaktacetasām|
avyaktā hi gatir duḥkhaṃ dehavadbhir avāpyate|| 5||

ये तु सर्वाणि कर्माणि मयि संन्यस्य मत्पराः।
अनन्येनैव योगेन मां ध्यायन्त उपासते।। ६।।

ye tu sarvāṇi karmāṇi mayi saṃnyasya matparāḥ|
ananyenaiva yogena māṃ dhyāyanta upāsate|| 6||

तेषामहं समुद्धर्ता मृत्युसंसारसागरात्।
भवामि नचिरात्पार्थ मय्यावेशितचेतसाम्।। ७।।

teṣām ahaṃ samuddhartā mṛtyusaṃsārasāgarāt|
bhavāmi na cirāt pārtha mayy āveśitacetasām|| 7||

मय्येव मन आधत्स्व मयि बुद्धिं निवेशय।
निवसिष्यसि मय्येव अत ऊर्ध्वं न संशयः।। ८।।

mayy eva mana ādhatsva mayi buddhiṃ niveśaya|
nivasiṣyasi mayy eva ata ūrdhvaṃ na saṃśayaḥ|| 8||

अथ चित्तं समाधातुं न शक्नोषि मयि स्थिरम्।
अभ्यासयोगेन ततो मामिच्छाप्तुं धनंजय।। ९।।

atha cittaṃ samādhātuṃ na śaknoṣi mayi sthiram|
abhyāsayogena tato mām icchāptuṃ dhanaṃjaya|| 9||

अभ्यासे ऽप्यसमर्थो ऽसि मत्कर्मपरमो भव।
मदर्थमपि कर्माणि कुर्वन् सिद्धिमवाप्स्यसि।। १०।।

abhyāse 'pyasamartho 'si matkarmaparamo bhava|
madartham api karmāṇi kurvan siddhim avāpsyasi|| 10||

अथैतदप्यशक्तो ऽसि कर्तुं मद्योगमाश्रितः।
सर्वकर्मफलत्यागं ततः कुरु यतात्मवान्।। ११।।

athaitad apy aśakto 'si kartuṃ madyogam āśritaḥ|
sarvakarmaphalatyāgaṃ tataḥ kuru yatātmavān|| 11||

श्रेयो हि ज्ञानमभ्यासाज्ज्ञानाद्ध्यानं विशिष्यते।
ध्यानात्कर्मफलत्यागस्त्यागाच्छान्तिरनन्तरम्।। १२।।

śreyo hi jñānam abhyāsāj jñānād dhyānaṃ viśiṣyate|
dhyānāt karmaphalatyāgas tyāgāc chāntir anantaram|| 12||

अद्वेष्टा सर्वभूतानां मैत्रः करुण एव च।
निर्ममो निरहंकारः समदुःखसुखः क्षमी।। १३।।

adveṣṭā sarvabhūtānāṃ maitraḥ karuṇa eva ca|
nirmamo nirahaṃkāraḥ samaduḥkhasukhaḥ kṣamī|| 13||

संतुष्टः सततं योगी यतात्मा दृढनिश्चयः।
मय्यर्पितमनोबुद्धिर्यो मद्भक्तः स मे प्रियः।। १४।।

saṃtuṣṭaḥ satataṃ yogī yatātmā dṛḍhaniścayaḥ|
mayy arpitamanobuddhir yo madbhaktaḥ sa me priyaḥ|| 14||

यस्मान्नोद्विजते लोको लोकान्नोद्विजते च यः।
हर्षामर्षभयोद्वेगैर्मुक्तो यः स च मे प्रियः।। १५।।

yasmān nodvijate loko lokān nodvijate ca yaḥ|
harṣāmarṣabhayodvegair mukto yaḥ sa ca me priyaḥ|| 15||

अनपेक्षः शुचिर्दक्ष उदासीनो गतव्यथः।
सर्वारम्भपरित्यागी यो मद्भक्तः स मे प्रियः।। १६।।

anapekṣaḥ śucir dakṣa udāsīno gatavyathaḥ|
sarvārambhaparityāgī yo madbhaktaḥ sa me priyaḥ|| 16||

यो न हृष्यति न द्वेष्टि न शोचति न काङ्क्षति।
शुभाशुभपरित्यागी भक्तिमान् यः स मे प्रियः।। १७।।

yo na hṛṣyati na dveṣṭi na śocati na kāṅkṣati|
śubhāśubhaparityāgī bhaktimān yaḥ sa me priyaḥ|| 17||

समः शत्रौ च मित्रे च तथा मानापमानयोः।
शीतोष्णसुखदुःखेषु समः सङ्गविवर्जितः।। १८।।

samaḥ śatrau ca mitre ca tathā mānāpamānayoḥ|
śītoṣṇasukhaduḥkheṣu samaḥ saṅgavivarjitaḥ|| 18||

तुल्यनिन्दास्तुतिर्मौनी संतुष्टो येन केनचित्।
अनिकेतः स्थिरमतिर्भक्तिमान् मे प्रियो नरः।। १९।।

tulyanindāstutir maunī saṃtuṣṭo yena kena cit|
aniketaḥ sthiramatir bhaktimān me priyo naraḥ|| 19||

ये तु धर्म्यामृतमिदं[32] यथोक्तं पर्युपासते।
श्रद्दधाना मत्परमा भक्तास्ते ऽतीव मे प्रियाः।। २०।।

ye tu dharmyāmṛtam idaṃ yathoktaṃ paryupāsate|
śraddadhānā matparamā bhaktās te 'tīva me priyāḥ|| 20||

---

[32]Alternate: ये तु धर्मामृत्रमिदम्

Chapter Thirteen: प्रकृतिपुरुषविवेकयोगः

श्रीभगवानुवाच

इदं शरीरं कौन्तेय क्षेत्रमित्यभिधीयते।
एतद्यो वेत्ति तं प्राहुः क्षेत्रज्ञ इति तद्विदः।। १।।

śrībhagavān uvāca

idaṃ śarīraṃ kaunteya kṣetram ity abhidhīyate|
etad yo vetti taṃ prāhuḥ kṣetrajña iti tad vidaḥ|| 1||

क्षेत्रज्ञं चापि मां विद्धि सर्वक्षेत्रेषु भारत।
क्षेत्रक्षेत्रज्ञयोर्ज्ञानं यत्तज्ज्ञानं मतं मम।। २।।

kṣetrajñaṃ cāpi māṃ viddhi sarvakṣetreṣu bhārata|
kṣetrakṣetrajñayor jñānaṃ yat taj jñānaṃ mataṃ mama|| 2||

तत्क्षेत्रं यच्च यादृक् च यद्विकारि यतश्च यत्।
स च यो यत्प्रभावश्च तत्समासेन मे शृणु।। ३।।

tat kṣetraṃ yac ca yādṛk ca yad vikāri yataś ca yat|
sa ca yo yat prabhāvaś ca tat samāsena me śṛṇu|| 3||

ऋषिभिर्बहुधा गीतं छन्दोभिर्विविधैः पृथक्।
ब्रह्मसूत्रपदैश्चैव हेतुमद्भिर्विनिश्चितैः।। ४।।

ṛṣibhir bahudhā gītaṃ chandobhir vividhaiḥ pṛthak|
brahmasūtrapadaiś caiva hetumadbhir viniścitaiḥ|| 4||

महाभूतान्यहंकारो बुद्धिरव्यक्तमेव च|
इन्द्रियाणि दशैकं च पञ्च चेन्द्रियगोचराः|| ५||

mahābhūtāny ahaṃkāro buddhir avyaktam eva ca|
indriyāṇi daśaikaṃ ca pañca cendriyagocarāḥ|| 5||

इच्छा द्वेषः सुखं दुःखं संघातश्चेतना धृतिः|
एतत्क्षेत्रं समासेन सविकारमुदाहृतम्|| ६||

icchā dveṣaḥ sukhaṃ duḥkhaṃ saṃghātaś cetanā dhṛtiḥ|
etat kṣetraṃ samāsena savikāram udāhṛtam|| 6||

अमानित्वमदम्भित्वमहिंसा क्षान्तिरार्जवम्|
आचार्योपासनं शौचं स्थैर्यमात्मविनिग्रहः|| ७||

amānitvam adambhitvam ahiṃsā kṣāntir ārjavam|
ācāryopāsanaṃ śaucaṃ sthairyam ātmavinigrahaḥ|| 7||

इन्द्रियार्थेषु वैराग्यमनहंकार एव च|
जन्ममृत्युजराव्याधिदुःखदोषानुदर्शनम्|| ८||

indriyārtheṣu vairāgyam anahaṃkāra eva ca|
janmamṛtyujarāvyādhiduḥkhadoṣānudarśanam|| 8||

असक्तिरनभिष्वङ्गः पुत्रदारगृहादिषु|
नित्यं च समचित्तत्वमिष्टानिष्टोपपत्तिषु|| ९||

asaktir anabhiṣvaṅgaḥ putradāragṛhādiṣu|
nityaṃ ca samacittatvam iṣṭāniṣṭopapattiṣu|| 9||

मयि चानन्ययोगेन भक्तिरव्यभिचारिणी|
विविक्तदेशसेवित्वमरतिर्जनसंसदि|| १०||

mayi cānanyayogena bhaktir avyabhicāriṇī|
viviktadeśasevitvam aratir janasaṃsadi|| 10||

अध्यात्मज्ञाननित्यत्वं तत्त्वज्ञानार्थदर्शनम्।
एतज्ज्ञानमिति प्रोक्तमज्ञानं यदतो ऽन्यथा।। ११।।

adhyātmajñānanityatvaṃ tattvajñānārthadarśanam|
etaj jñānam iti proktam ajñānaṃ yad ato 'nyathā|| 11||

ज्ञेयं यत्तत्प्रवक्ष्यामि यज्ज्ञात्वामृतमश्नुते।
अनादिमत्परं ब्रह्म न सत्तन्नासदुच्यते।। १२।।

jñeyaṃ yat tat pravakṣyāmi yaj jñātvāmṛtam aśnute|
anādimat paraṃ brahma na sat tan nāsad ucyate|| 12||

सर्वतः पाणिपादं तत्सर्वतो ऽक्षिशिरोमुखम्।
सर्वतः श्रुतिमल्लोके सर्वमावृत्य तिष्ठति।। १३।।

sarvataḥ pāṇipādaṃ tat sarvato 'kṣiśiromukham|
sarvataḥ śrutimal loke sarvam āvṛtya tiṣṭhati|| 13||

सर्वेन्द्रियगुणाभासं सर्वेन्द्रियविवर्जितम्।
असक्तं सर्वभृच्चैव निर्गुणं गुणभोक्तृ च।। १४।।

sarvendriyaguṇābhāsaṃ sarvendriyavivarjitam|
asaktaṃ sarvabhṛc caiva nirguṇaṃ guṇabhoktṛ ca|| 14||

बहिरन्तश्च भूतानामचरं चरमेव च।
सूक्ष्मत्वात्तदविज्ञेयं दूरस्थं चान्तिके च तत्।। १५।।

bahir antaś ca bhūtānām acaraṃ caram eva ca|
sūkṣmatvāt tad avijñeyaṃ dūrasthaṃ cāntike ca tat|| 15||

अविभक्तं च भूतेषु विभक्तमिव च स्थितम्।
भूतभर्तृ च तज्ज्ञेयं ग्रसिष्णु प्रभविष्णु च।। १६।।

avibhaktaṃ ca bhūteṣu vibhaktam iva ca sthitam|
bhūtabhartṛ ca taj jñeyaṃ grasiṣṇu prabhaviṣṇu ca|| 16||

ज्योतिषामपि तज्ज्योतिस्तमसः परमुच्यते।
ज्ञानं ज्ञेयं ज्ञानगम्यं हृदि सर्वस्य विष्ठितम्।।[33] १७।।

[33] Alternate: हृदि सर्वस्य धिष्ठितम्

jyotiṣām api taj jyotis tamasaḥ param ucyate|
jñānaṃ jñeyaṃ jñānagamyaṃ hṛdi sarvasya viṣṭhitam|| 17||

इति क्षेत्रं तथा ज्ञानं ज्ञेयं चोक्तं समासतः।
मद्भक्त एतद्विज्ञाय मद्भावायोपपद्यते।। १८।।

iti kṣetraṃ tathā jñānaṃ jñeyaṃ coktaṃ samāsataḥ|
madbhakta etad vijñāya madbhāvāyopapadyate|| 18||

प्रकृतिं पुरुषं चैव विद्ध्यनादी उभावपि।
विकारांश्च गुणांश्चैव विद्धि प्रकृतिसंभवान्।। १९।।

prakṛtiṃ puruṣaṃ caiva viddhy anādī ubhāv api|
vikārāṃś ca guṇāṃś caiva viddhi prakṛtisaṃbhavān|| 19||

कार्यकारणकर्तृत्वे[34] हेतुः प्रकृतिरुच्यते।
पुरुषः सुखदुःखानां भोक्तृत्वे हेतुरुच्यते।। २०।।

kāryakāraṇakartṛtve hetuḥ prakṛtir ucyate|
puruṣaḥ sukhaduḥkhānāṃ bhoktṛtve hetur ucyate|| 20||

पुरुषः प्रकृतिस्थो हि भुङ्क्ते प्रकृतिजान् गुणान्।
कारणं गुणसङ्गो ऽस्य सदसद्योनिजन्मसु।। २१।।

puruṣaḥ prakṛtistho hi bhuṅkte prakṛtijān guṇān|
kāraṇaṃ guṇasaṅgo 'sya sadasadyonijanmasu|| 21||

उपद्रष्टानुमन्ता च भर्ता भोक्ता महेश्वरः।
परमात्मेति चाप्युक्तो देहे ऽस्मिन्पुरुषः परः।। २२।।

upadraṣṭānumantā ca bhartā bhoktā maheśvaraḥ|
paramātmeti cāpy ukto dehe 'smin puruṣaḥ paraḥ|| 22||

य एवं वेत्ति पुरुषं प्रकृतिं च गुणैः सह।
सर्वथा वर्तमानो ऽपि न स भूयो ऽभिजायते।। २३।।

---

[34] Alternate: कार्यकारणकर्तृत्वे

ya evaṃ vetti puruṣaṃ prakṛtiṃ ca guṇaiḥ saha|
sarvathā vartamāno 'pi na sa bhūyo 'bhijāyate|| 23||

ध्यानेनात्मनि पश्यन्ति केचिदात्मानमात्मना।
अन्ये सांख्येन योगेन कर्मयोगेन चापरे।। २४।।

dhyānenātmani paśyanti kecid ātmānam ātmanā|
anye sāṃkhyena yogena karmayogena cāpare|| 24||

अन्ये त्वेवमजानन्तः श्रुत्वान्येभ्य उपासते।
ते ऽपि चातितरन्त्येव मृत्युं श्रुतिपरायणाः।। २५।।

anye tv evam ajānantaḥ śrutvānyebhya upāsate|
te 'pi cātitaranty eva mṛtyuṃ śrutiparāyaṇāḥ|| 25||

यावत्संजायते किंचित्सत्त्वं स्थावरजङ्गमम्।
क्षेत्रक्षेत्रज्ञसंयोगात्तद्विद्धि भरतर्षभ।। २६।।

yāvat saṃjāyate kiṃ cit sattvaṃ sthāvarajaṅgamam|
kṣetrakṣetrajñasaṃyogāt tad viddhi bharatarṣabha|| 26||

समं सर्वेषु भूतेषु तिष्ठन्तं परमेश्वरम्।
विनश्यत्स्वविनश्यन्तं यः पश्यति स पश्यति।। २७।।

samaṃ sarveṣu bhūteṣu tiṣṭhantaṃ parameśvaram|
vinaśyatsv avinaśyantaṃ yaḥ paśyati sa paśyati|| 27||

समं पश्यन् हि सर्वत्र समवस्थितमीश्वरम्।
न हिनस्त्यात्मनात्मानं ततो याति परां गतिम्।। २८।।

samaṃ paśyan hi sarvatra samavasthitam īśvaram|
na hinasty ātmanātmānaṃ tato yāti parāṃ gatim|| 28||

प्रकृत्यैव च कर्माणि क्रियमाणानि सर्वशः।
यः पश्यति तथात्मानमकर्तारं स पश्यति।। २९।।

prakṛtyaiva ca karmāṇi kriyamāṇāni sarvaśaḥ|
yaḥ paśyati tathātmānam akartāraṃ sa paśyati|| 29||

यदा भूतपृथग्भावमेकस्थमनुपश्यति।
तत एव च विस्तारं ब्रह्म संपद्यते तदा।। ३०।।

yadā bhūtapṛthagbhāvam ekastham anupaśyati|
tata eva ca vistāraṃ brahma saṃpadyate tadā|| 30||

अनादित्वान्निर्गुणत्वात्परमात्मायमव्ययः।
शरीरस्थो ऽपि कौन्तेय न करोति न लिप्यते।। ३१।।

anāditvān nirguṇatvāt paramātmāyam avyayaḥ|
śarīrastho 'pi kaunteya na karoti na lipyate|| 31||

यथा सर्वगतं सौक्ष्म्यादाकाशं नोपलिप्यते।
सर्वत्रावस्थितो देहे तथात्मा नोपलिप्यते।। ३२।।

yathā sarvagataṃ saukṣmyād ākāśaṃ nopalipyate|
sarvatrāvasthito dehe tathātmā nopalipyate|| 32||

यथा प्रकाशयत्येकः कृत्स्नं लोकमिमं रविः।
क्षेत्रं क्षेत्री तथा कृत्स्नं प्रकाशयति भारत। ३३।।

yathā prakāśayaty ekaḥ kṛtsnaṃ lokam imaṃ raviḥ|
kṣetraṃ kṣetrī tathā kṛtsnaṃ prakāśayati bhārata| 33||

क्षेत्रक्षेत्रज्ञयोरेवमन्तरं ज्ञानचक्षुषा।
भूतप्रकृतिमोक्षं च ये विदुर्यान्ति ते परम्।। ३४।।

kṣetrakṣetrajñayor evam antaraṃ jñānacakṣuṣā|
bhūtaprakṛtimokṣaṃ ca ye vidur yānti te param|| 34||

Chapter Fourteen: गुणत्रयविभागयोगः

श्रीभगवानुवाच

परं भूयः प्रवक्ष्यामि ज्ञानानां ज्ञानमुत्तमम्।
यज्ज्ञात्वा मुनयः सर्वे परां सिद्धिमितो गताः।। १।।

śrībhagavān uvāca

paraṃ bhūyaḥ pravakṣyāmi jñānānāṃ jñānam uttamam|
yaj jñātvā munayaḥ sarve parāṃ siddhim ito gatāḥ|| 1||

इदं ज्ञानमुपाश्रित्य मम साधर्म्यमागताः।
सर्गे ऽपि नोपजायन्ते प्रलये न व्यथन्ति च।। २।।

idaṃ jñānam upāśritya mama sādharmyam āgatāḥ|
sarge 'pi nopajāyante pralaye na vyathanti ca|| 2||

मम योनिर्महद्ब्रह्म तस्मिन् गर्भं दधाम्यहम्।
संभवः सर्वभूतानां ततो भवति भारत।। ३।।

mama yonir mahadbrahma tasmin garbhaṃ dadhāmy aham|
saṃbhavaḥ sarvabhūtānāṃ tato bhavati bhārata|| 3||

सर्वयोनिषु कौन्तेय मूर्तयः संभवन्ति याः।
तासां ब्रह्म महद्योनिरहं बीजप्रदः पिता।। ४।।

sarvayoniṣu kaunteya mūrtayaḥ saṃbhavanti yāḥ|
tāsāṃ brahma mahadyonir ahaṃ bījapradaḥ pitā|| 4||

सत्त्वं रजस्तम इति गुणाः प्रकृतिसंभवाः।
निबध्नन्ति महाबाहो देहे देहिनमव्ययम्।। ५।।

sattvaṃ rajas tama iti guṇāḥ prakṛtisaṃbhavāḥ|
nibadhnanti mahābāho dehe dehinam avyayam|| 5||

तत्र सत्त्वं निर्मलत्वात्प्रकाशकमनामयम्।
सुखसङ्गेन बध्नाति ज्ञानसङ्गेन चानघ।। ६।।

tatra sattvaṃ nirmalatvāt prakāśakam anāmayam|
sukhasaṅgena badhnāti jñānasaṅgena cānagha|| 6||

रजो रागात्मकं विद्धि तृष्णासङ्गसमुद्भवम्।
तन्निबध्नाति कौन्तेय कर्मसङ्गेन देहिनम्।। ७।।

rajo rāgātmakaṃ viddhi tṛṣṇāsaṅgasamudbhavam|
tan nibadhnāti kaunteya karmasaṅgena dehinam|| 7||

तमस्त्वज्ञानजं विद्धि मोहनं सर्वदेहिनाम्।
प्रमादालस्यनिद्राभिस्तन्निबध्नाति भारत।। ८।।

tamas tv ajñānajaṃ viddhi mohanaṃ sarvadehinām|
pramādālasyanidrābhis tan nibadhnāti bhārata|| 8||

सत्त्वं सुखे संजयति रजः कर्मणि भारत।
ज्ञानमावृत्य तु तमः प्रमादे संजयत्युत।। ९।।

sattvaṃ sukhe saṃjayati rajaḥ karmaṇi bhārata|
jñānam āvṛtya tu tamaḥ pramāde saṃjayaty uta|| 9||

रजस्तमश्चाभिभूय सत्त्वं भवति भारत।
रजः सत्त्वं तमश्चैव तमः सत्त्वं रजस्तथा।। १०।।

rajas tamaś cābhibhūya sattvaṃ bhavati bhārata|
rajaḥ sattvaṃ tamaś caiva tamaḥ sattvaṃ rajas tathā|| 10||

सर्वद्वारेषु देहे ऽस्मिन्प्रकाश उपजायते।
ज्ञानं यदा तदा विद्याद्विवृद्धं सत्त्वमित्युत।। ११।।

sarvadvāreṣu dehe 'smin prakāśa upajāyate|
jñānaṃ yadā tadā vidyādvivṛddhaṃ sattvam ity uta|| 11||

लोभः प्रवृत्तिरारम्भः कर्मणाम् अशमः स्पृहा।
रजस्येतानि जायन्ते विवृद्धे भरतर्षभ।। १२।।

lobhaḥ pravṛttir ārambhaḥ karmaṇām aśamaḥ spṛhā|
rajasy etāni jāyante vivṛddhe bharatarṣabha|| 12||

अप्रकाशो ऽप्रवृत्तिश्च प्रमादो मोह एव च।
तमस्येतानि जायन्ते विवृद्धे कुरुनन्दन।। १३।।

aprakāśo 'pravṛttiś ca pramādo moha eva ca|
tamasy etāni jāyante vivṛddhe kurunandana|| 13||

यदा सत्त्वे प्रवृद्धे तु प्रलयं याति देहभृत्।
तदोत्तमविदां लोकानमलान्प्रतिपद्यते।। १४।।

yadā sattve pravṛddhe tu pralayaṃ yāti dehabhṛt|
tadottamavidāṃ lokān amalān pratipadyate|| 14||

रजसि प्रलयं गत्वा कर्मसङ्गिषु जायते।
तथा प्रलीनस्तमसि मूढयोनिषु जायते।। १५।।

rajasi pralayaṃ gatvā karmasaṅgiṣu jāyate|
tathā pralīnas tamasi mūḍhayoniṣu jāyate|| 15||

कर्मणः सुकृतस्याहुः सात्त्विकं निर्मलं फलम्।
रजसस्तु फलं दुःखमज्ञानं तमसः फलम्।। १६।।

karmaṇaḥ sukṛtasyāhuḥ sāttvikaṃ nirmalaṃ phalam|
rajasas tu phalaṃ duḥkham ajñānaṃ tamasaḥ phalam|| 16||

सत्त्वात्संजायते ज्ञानं रजसो लोभ एव च।
प्रमादमोहौ तमसो भवतो ऽज्ञानमेव च।। १७।।

sattvāt saṃjāyate jñānaṃ rajaso lobha eva ca|
pramādamohau tamaso bhavato 'jñānam eva ca|| 17||

ऊर्ध्वं गच्छन्ति सत्त्वस्था मध्ये तिष्ठन्ति राजसाः।
जघन्यगुणवृत्तस्था[35] अधो गच्छन्ति तामसाः।। १८।।

ūrdhvaṃ gacchanti sattvasthā madhye tiṣṭhanti rājasāḥ|
jaghanyaguṇavṛttasthā adho gacchanti tāmasāḥ|| 18||

नान्यं गुणेभ्यः कर्तारं यदा द्रष्टानुपश्यति।
गुणेभ्यश्च परं वेत्ति मद्भावं सो ऽधिगच्छति।। १९।।

nānyaṃ guṇebhyaḥ kartāraṃ yadā draṣṭānupaśyati|
guṇebhyaś ca paraṃ vetti madbhāvaṃ so 'dhigacchati|| 19||

गुणानेतानतीत्य त्रीन् देही देहसमुद्भवान्।
जन्ममृत्युजरादुःखैर्विमुक्तो ऽमृतमश्नुते।। २०।।

guṇān etān atītya trīn dehī dehasamudbhavān|
janmamṛtyujarāduḥkhair vimukto 'mṛtam aśnute|| 20||

अर्जुन उवाच

कैर्लिङ्गैस्त्रीन् गुणानेतानतीतो भवति प्रभो।
किमाचारः कथं चैतांस्त्रीन् गुणानतिवर्तते।। २१।।

arjuna uvāca

kair liṅgais trīn guṇān etān atīto bhavati prabho|
kimācāraḥ kathaṃ caitāṃs trīn guṇān ativartate|| 21||

श्रीभगवानुवाच

प्रकाशं च प्रवृत्तिं च मोहमेव च पाण्डव।
न द्वेष्टि संप्रवृत्तानि न निवृत्तानि काङ्क्षति।। २२।।

---

[35]Alternate: जघन्यगुणवृत्तिस्थाः

śrībhagavān uvāca

prakāśaṃ ca pravṛttiṃ ca moham eva ca pāṇḍava|
na dveṣṭi saṃpravṛttāni na nivṛttāni kāṅkṣati|| 22||

उदासीनवदासीनो गुणैर्यो न विचाल्यते।
गुणा वर्तन्त इत्येव[36] यो ऽवतिष्ठति[37] नेङ्गते।। २३।।

udāsīnavadāsīno guṇair yo na vicālyate|
guṇā vartanta ity eva yo 'vatiṣṭhati neṅgate|| 23||

समदुःखसुखः स्वस्थः समलोष्टाश्मकाञ्चनः।
तुल्यप्रियाप्रियो धीरस्तुल्यनिन्दात्मसंस्तुतिः।। २४।।

samaduḥkhasukhaḥ svasthaḥ samaloṣṭāśmakāñcanaḥ|
tulyapriyāpriyo dhīras tulyanindātmasaṃstutiḥ|| 24||

मानापमानयोस्तुल्यस्तुल्यो मित्रारिपक्षयोः।
सर्वारम्भपरित्यागी गुणातीतः स उच्यते।। २५।।

mānāpamānayos tulyas tulyo mitrāripakṣayoḥ|
sarvārambhaparityāgī guṇātītaḥ sa ucyate|| 25||

मां च यो ऽव्यभिचारेण भक्तियोगेन सेवते।
स गुणान्समतीत्यैतान्ब्रह्मभूयाय कल्पते।। २६।।

māṃ ca yo 'vyabhicāreṇa bhaktiyogena sevate|
sa guṇān samatītyaitān brahmabhūyāya kalpate|| 26||

ब्रह्मणो हि प्रतिष्ठाहममृतस्याव्ययस्य च।
शाश्वतस्य च धर्मस्य सुखस्यैकान्तिकस्य च।। २७।।

brahmaṇo hi pratiṣṭhāham amṛtasyāvyayasya ca|
śāśvatasya ca dharmasya sukhasyaikāntikasya ca|| 27||

---

[36]Alternate: इत्येवम्
[37]Alternate: यो ऽनुतिष्ठति

Chapter Fifteen: पुरुषोत्तमयोगः

श्रीभगवानुवाच

ऊर्ध्वमूलमधःशाखमश्वत्थं प्राहुर् अव्ययम्।
छन्दांसि यस्य पर्णानि यस्तं वेद स वेदवित्।। १।।

śrībhagavān uvāca

ūrdhvamūlam adhaḥśākham aśvatthaṃ prāhuravyayam|
chandāṃsi yasya parṇāni yastaṃ veda sa vedavit|| 1||

अधश्चोर्ध्वं प्रसृतास्तस्य शाखा
गुणप्रवृद्धा विषयप्रवालाः।
अधश्च मूलान्यनुसंततानि
कर्मानुबन्धीनि मनुष्यलोके।। २।।

adhaś cordhvaṃ prasṛtās tasya śākhā
guṇapravṛddhā viṣayapravālāḥ|
adhaś ca mūlāny anusaṃtatāni
karmānubandhīni manuṣyaloke|| 2||

न रूपमस्येह तथोपलभ्यते
नान्तो न चादिर्न च संप्रतिष्ठा।

अश्वत्थमेनं सुविरूढमूलम्
असङ्गशस्त्रेण दृढेन छित्त्वा।। ३।।

na rūpam asyeha tathopalabhyate
nānto na cādirna ca saṃpratiṣṭhā|
aśvattham enaṃ suvirūḍhamūlam
asaṅgaśastreṇa dṛḍhena chittvā|| 3||

ततः पदं तत्परिमार्गितव्यं
यस्मिन् गता न निवर्तन्ति भूयः।
तमेव चाद्यं पुरुषं प्रपद्ये
यतः प्रवृत्तिः प्रसृता पुराणी।। ४।।

tataḥ padaṃ tatparimārgitavyaṃ
yasmin gatā na nivartanti bhūyaḥ|
tam eva cādyaṃ puruṣaṃ prapadye
yataḥ pravṛttiḥ prasṛtā purāṇī|| 4||

निर्मानमोहा जितसङ्गदोषा
अध्यात्मनित्या विनिवृत्तकामाः।
द्वन्द्वैर्विमुक्ताः सुखदुःखसंज्ञै-
र्गच्छन्त्यमूढाः पदमव्ययं तत्।। ५।।

nirmānamohā jitasaṅgadoṣā
adhyātmanityā vinivṛttakāmāḥ|
dvandvair vimuktāḥ sukhaduḥkhasaṃjñair
gacchanty amūḍhāḥ padam avyayaṃ tat|| 5||

न तद्भासयते सूर्यो न शशाङ्को न पावकः।
यद्गत्वा न निवर्तन्ते तद्धाम परमं मम।। ६।।

na tad bhāsayate sūryo na śaśāṅko na pāvakaḥ|
yad gatvā na nivartante tad dhāma paramaṃ mama|| 6||

ममैवांशो जीवलोके जीवभूतः सनातनः।
मनःषष्ठानीन्द्रियाणि प्रकृतिस्थानि कर्षति।। ७।।

mamaivāṃśo jīvaloke jīvabhūtaḥ sanātanaḥ|
manaḥṣaṣṭhānīndriyāṇi prakṛtisthāni karṣati|| 7||

शरीरं यदवाप्नोति यच्चाप्युत्क्रामतीश्वरः।
गृहीत्वैतानि संयाति वायुर्गन्धानिवाशयात्।। ८।।

śarīraṃ yad avāpnoti yac cāpyutkrāmatīśvaraḥ|
gṛhītvaitāni saṃyāti vāyur gandhān ivāśayāt|| 8||

श्रोत्रं चक्षुः स्पर्शनं च रसनं घ्राणमेव च।
अधिष्ठाय मनश्चायं विषयानुपसेवते।। ९।।

śrotraṃ cakṣuḥ sparśanaṃ ca rasanaṃ ghrāṇam eva ca|
adhiṣṭhāya manaś cāyaṃ viṣayān upasevate|| 9||

उत्क्रामन्तं स्थितं वापि भुञ्जानं वा गुणान्वितम्।
विमूढा नानुपश्यन्ति पश्यन्ति ज्ञानचक्षुषः।। १०।।

utkrāmantaṃ sthitaṃ vāpi bhuñjānaṃ vā guṇānvitam|
vimūḍhā nānupaśyanti paśyanti jñānacakṣuṣaḥ|| 10||

यतन्तो योगिनश्चैनं पश्यन्त्यात्मन्यवस्थितम्।
यतन्तो ऽप्यकृतात्मानो नैनं पश्यन्त्यचेतसः।। ११।।

yatanto yoginaś cainaṃ paśyanty ātmany avasthitam|
yatanto 'pyakṛtātmāno nainaṃ paśyanty acetasaḥ|| 11||

यदादित्यगतं तेजो जगद्भासयते ऽखिलम्।
यच्चन्द्रमसि यच्चाग्नौ तत्तेजो विद्धि मामकम्।। १२।।

yad ādityagataṃ tejo jagad bhāsayate 'khilam|
yac candramasi yac cāgnau tat tejo viddhi māmakam|| 12||

गामाविश्य च भूतानि धारयाम्यहमोजसा।
पुष्णामि चौषधीः सर्वाः सोमो भूत्वा रसात्मकः।। १३।।

gām āviśya ca bhūtāni dhārayāmy aham ojasā|
puṣṇāmi cauṣadhīḥ sarvāḥ somo bhūtvā rasātmakaḥ|| 13||

अहं वैश्वानरो भूत्वा प्राणिनां देहमाश्रितः।
प्राणापानसमायुक्तः पचाम्यन्नं चतुर्विधम्।। १४।।

ahaṃ vaiśvānaro bhūtvā prāṇināṃ deham āśritaḥ|
prāṇāpānasamāyuktaḥ pacāmy annaṃ caturvidham|| 14||

सर्वस्य चाहं हृदि संनिविष्टो
मत्तः स्मृतिर्ज्ञानमपोहनं च।
वेदैश्च सर्वैरहमेव वेद्यो
वेदान्तकृद्वेदविदेव चाहम्।। १५।।

sarvasya cāhaṃ hṛdi saṃniviṣṭo
mattaḥ smṛtir jñānam apohanaṃ ca|
vedaiś ca sarvair aham eva vedyo
vedāntakṛd vedavid eva cāham|| 15||

द्वाविमौ पुरुषौ लोके क्षरश्चाक्षर एव च।
क्षरः सर्वाणि भूतानि कूटस्थो ऽक्षर उच्यते।। १६।।

dvāv imau puruṣau loke kṣaraś cākṣara eva ca|
kṣaraḥ sarvāṇi bhūtāni kūṭastho 'kṣara ucyate|| 16||

उत्तमः पुरुषस्त्वन्यः परमात्मेत्युदाहृतः।
यो लोकत्रयमाविश्य बिभर्त्यव्यय ईश्वरः।। १७।।

uttamaḥ puruṣas tv anyaḥ paramātmety udāhṛtaḥ|
yo lokatrayam āviśya bibharty avyaya īśvaraḥ|| 17||

यस्मात्क्षरमतीतो ऽहमक्षरादपि चोत्तमः।
अतो ऽस्मि लोके वेदे च प्रथितः पुरुषोत्तमः।। १८।।

yasmāt kṣaram atīto 'ham akṣarād api cottamaḥ|
ato 'smi loke vede ca prathitaḥ puruṣottamaḥ|| 18||

यो मामेवमसंमूढो जानाति पुरुषोत्तमम्।
स सर्वविद्भजति मां सर्वभावेन भारत।। १९।।

yo mām evam asaṃmūḍho jānāti puruṣottamam|
sa sarvavid bhajati māṃ sarvabhāvena bhārata|| 19||

इति गुह्यतमं शास्त्रमिदमुक्तं मयानघ।
एतद्बुद्ध्वा बुद्धिमान्स्यात्कृतकृत्यश्च भारत।। २०।।

iti guhyatamaṃ śāstram idam uktaṃ mayānagha|
etad buddhvā buddhimān syāt kṛtakṛtyaś ca bhārata|| 20||

Chapter Sixteen: दैवासुरसम्पद्विभागयोगः

श्रीभगवानुवाच

अभयं सत्त्वसंशुद्धिर्ज्ञानयोगव्यवस्थितिः।
दानं दमश्च यज्ञश्च स्वाध्यायस्तप आर्जवम्॥

śrībhagavān uvāca

abhayaṃ sattvasaṃśuddhir jñānayogavyavasthitiḥ|
dānaṃ damaś ca yajñaś ca svādhyāyas tapa ārjavam||

अहिंसा सत्यमक्रोधस्त्यागः शान्तिरपैशुनम्।
दया भूतेष्वलोलुप्त्वं[38] मार्दवं ह्रीरचापलम्॥ २॥

ahiṃsā satyam akrodhas tyāgaḥ śāntir apaiśunam|
dayā bhūteṣv aloluptvaṃ mārdavaṃ hrīr acāpalam|| 2||

तेजः क्षमा धृतिः शौचमद्रोहो नातिमानिता।
भवन्ति संपदं दैवीमभिजातस्य भारत॥ ३॥

tejaḥ kṣamā dhṛtiḥ śaucam adroho nātimānitā|
bhavanti saṃpadaṃ daivīm abhijātasya bhārata|| 3||

---

[38] Alternate: अलोलुत्वम् and आलोलत्वम्

दम्भो दर्पो ऽतिमानश्च[39] क्रोधः पारुष्यमेव च।
अज्ञानं चाभिजातस्य पार्थ संपदमासुरीम्।। ४।।

dambho darpo 'timānaś ca krodhaḥ pāruṣyam eva ca|
ajñānaṃ cābhijātasya pārtha saṃpadam āsurīm|| 4||

दैवी संपद्विमोक्षाय निबन्धायासुरी मता।
मा शुचः संपदं दैवीम् अभिजातो ऽसि पाण्डव।। ५।।

daivī saṃpad vimokṣāya nibandhāyāsurī matā|
mā śucaḥ saṃpadaṃ daivīm abhijāto 'si pāṇḍava|| 5||

द्वौ भूतसर्गौ लोके ऽस्मिन्दैव आसुर एव च।
दैवो विस्तरशः प्रोक्त आसुरं पार्थ मे श‍ृणु।। ६।।

dvau bhūtasargau loke 'smin daiva āsura eva ca|
daivo vistaraśaḥ prokta āsuraṃ pārtha me śṛṇu|| 6||

प्रवृत्तिं च निवृत्तिं च जना न विदुरासुराः।
न शौचं नापि चाचारो न सत्यं तेषु विद्यते।। ७।।

pravṛttiṃ ca nivṛttiṃ ca janā na vidur āsurāḥ|
śaucaṃ nāpi cācāro na satyaṃ teṣu vidyate|| 7||

असत्यमप्रतिष्ठं ते जगदाहुरनीश्वरम्।
अपरस्परसंभूतं किमन्यत्कामहैतुकम्।। ८।।

asatyam apratiṣṭhaṃ te jagad āhur anīśvaram|
aparasparasaṃbhūtaṃ kim anyat kāmahaitukam|| 8||

एतां दृष्टिमवष्टभ्य नष्टात्मानो ऽल्पबुद्धयः।
प्रभवन्त्युग्रकर्माणः क्षयाय जगतो ऽहिताः।। ९।।

etāṃ dṛṣṭim avaṣṭabhya naṣṭātmāno 'lpabuddhayaḥ|
prabhavanty ugrakarmāṇaḥ kṣayāya jagato 'hitāḥ|| 9||

---

[39]Alternate: दर्पो ऽभिमानश्च

कामममाश्रित्य दुष्पूरं दम्भमानमदान्विताः।
मोहाद्गृहीत्वासद्ग्राहान्प्रवर्तन्ते ऽशुचिव्रताः।। १०।।

kāmam āśritya duṣpūraṃ dambhamānamadānvitāḥ|
mohād gṛhītvāsadgrāhān pravartante 'śucivratāḥ|| 10||

चिन्तामपरिमेयां च प्रलयान्तामुपाश्रिताः।
कामोपभोगपरमा एतावदिति निश्चिताः।। ११।।

cintām aparimeyāṃ ca pralayāntām upāśritāḥ|
kāmopabhogaparamā etāvad iti niścitāḥ|| 11||

आशापाशशतैर्बद्धाः कामक्रोधपरायणाः।
ईहन्ते कामभोगार्थमन्यायेनार्थसंचयान्।। १२।।

āśāpāśaśatair baddhāḥ kāmakrodhaparāyaṇāḥ|
īhante kāmabhogārtham anyāyenārthasaṃcayān|| 12||

इदमद्य मया लब्धमिदं प्राप्स्ये मनोरथम्।
इदमस्तीदमपि मे भविष्यति पुनर्धनम्।। १३।।

idam adya mayā labdham idaṃ prāpsye manoratham|
idam astīdam api me bhaviṣyati punar dhanam|| 13||

असौ मया हतः शत्रुर्हनिष्ये चापरानपि।
ईश्वरो ऽहमहं भोगी सिद्धो ऽहं बलवान्सुखी।। १४।।

asau mayā hataḥ śatrur haniṣye cāparān api|
īśvaro 'ham ahaṃ bhogī siddho 'haṃ balavān sukhī|| 14||

आढ्यो ऽभिजनवानस्मि को ऽन्यो ऽस्ति सदृशो मया।
यक्ष्ये दास्यामि मोदिष्य इत्यज्ञानविमोहिताः।। १५।।

āḍhyo 'bhijanavān asmi ko 'nyo 'sti sadṛśo mayā|
yakṣye dāsyāmi modiṣya ity ajñānavimohitāḥ|| 15||

अनेकचित्तविभ्रान्ता मोहजालसमावृताः।
प्रसक्ताः कामभोगेषु पतन्ति नरके ऽशुचौ।। १६।।

anekacittavibhrāntā mohajālasamāvṛtāḥ|
prasaktāḥ kāmabhogeṣu patanti narake 'śucau|| 16||

आत्मसंभाविताः स्तब्धा धनमानमदान्विताः।
यजन्ते नामयज्ञैस्ते दम्भेनाविधिपूर्वकम्।। १७।।

ātmasaṃbhāvitāḥ stabdhā dhanamānamadānvitāḥ|
yajante nāmayajñais te dambhenāvidhipūrvakam|| 17||

अहंकारं बलं दर्पं कामं क्रोधं च संश्रिताः।
मामात्मपरदेहेषु प्रद्विषन्तो ऽभ्यसूयकाः।। १८।।

ahaṃkāraṃ balaṃ darpaṃ kāmaṃ krodhaṃ ca saṃśritāḥ|
mām ātmaparadeheṣu pradviṣanto 'bhyasūyakāḥ|| 18||

तानहं द्विषतः क्रूरान्संसारेषु नराधमान्।
क्षिपाम्यजस्रमशुभानासुरीष्वेव योनिषु।। १९।।

tān ahaṃ dviṣataḥ krūrān saṃsāreṣu narādhamān|
kṣipāmy ajasram aśubhān āsurīṣv eva yoniṣu|| 19||

आसुरीं योनिमापन्ना मूढा जन्मनि जन्मनि।
मामप्राप्यैव कौन्तेय ततो यान्त्यधमां गतिम्।। २०।।

āsurīṃ yonim āpannā mūḍhā janmani janmani|
mām aprāpyaiva kaunteya tato yānty adhamāṃ gatim|| 20||

त्रिविधं नरकस्येदं द्वारं नाशनमात्मनः।
कामः क्रोधस्तथा लोभस्तस्मादेतत्त्रयं त्यजेत्।। २१।।

trividhaṃ narakasyedaṃ dvāraṃ nāśanam ātmanaḥ|
kāmaḥ krodhas tathā lobhas tasmād etat trayaṃ tyajet|| 21||

एतैर्विमुक्तः कौन्तेय तमोद्वारैस्त्रिभिर्नरः।
आचरत्यात्मनः श्रेयस्ततो याति परां गतिम्।। २२।।

etair vimuktaḥ kaunteya tamodvārais tribhir naraḥ|
ācaraty ātmanaḥ śreyas tato yāti parāṃ gatim|| 22||

यः शास्त्रविधिमुत्सृज्य वर्तते कामकारतः।[40]
न स सिद्धिमवाप्नोति न सुखं न परां गतिम्॥ २३॥

yaḥ śāstravidhim utsṛjya vartate kāmakārataḥ|
na sa siddhim avāpnoti na sukhaṃ na parāṃ gatim|| 23||

तस्माच्छास्त्रं प्रमाणं ते कार्याकार्यव्यवस्थितौ।
ज्ञात्वा शास्त्रविधानोक्तं कर्म कर्तुमिहार्हसि॥ २४॥

tasmāc chāstraṃ pramāṇaṃ te kāryākāryavyavasthitau|
jñātvā śāstravidhānoktaṃ karma kartum ihārhasi|| 24||

---

[40] Alternate: कामचारतः

Chapter Seventeen: श्रद्धात्रयविभागयोगः

अर्जुन उवाच

ये शास्त्रविधिमुत्सृज्य यजन्ते श्रद्धयान्विताः|
तेषां निष्ठा तु का कृष्ण सत्त्वमाहो रजस्तमः|| १||

arjuna uvāca

ye śāstravidhim utsṛjya yajante śraddhayānvitāḥ|
teṣāṃ niṣṭhā tu kā kṛṣṇa sattvam āho rajas tamaḥ|| 1||

श्रीभगवानुवाच

त्रिविधा भवति श्रद्धा देहिनां सा स्वभावजा|
सात्त्विकी राजसी चैव तामसी चेति तां शृणु|| २||

śrībhagavān uvāca

trividhā bhavati śraddhā dehināṃ sā svabhāvajā|
sāttvikī rājasī caiva tāmasī ceti tāṃ śṛṇu|| 2||

सत्त्वानुरूपा सर्वस्य श्रद्धा भवति भारत|
श्रद्धामयो ऽयं पुरुषो यो यच्छ्रद्धः स एव सः|| ३||

sattvānurūpā sarvasya śraddhā bhavati bhārata|
śraddhāmayo 'yaṃ puruṣo yo yac chraddhaḥ sa eva saḥ|| 3||

यजन्ते सात्त्विका देवान्यक्षरक्षांसि राजसाः।
प्रेतान् भूतगणांश्चान्ये यजन्ते तामसा जनाः।। ४।।

yajante sāttvikā devān yakṣarakṣāṃsi rājasāḥ|
pretān bhūtagaṇāṃś cānye yajante tāmasā janāḥ|| 4||

अशास्त्रविहितं घोरं तप्यन्ते ये तपो जनाः।
दम्भाहंकारसंयुक्ताः कामरागबलान्विताः।। ५।।

aśāstravihitaṃ ghoraṃ tapyante ye tapo janāḥ|
dambhāhaṃkārasaṃyuktāḥ kāmarāgabalānvitāḥ|| 5||

कर्शयन्तः[41] शरीरस्थं भूतग्राममचेतसः।[42]
मां चैवान्तःशरीरस्थं तान्विद्ध्यासुरनिश्चयान्।। ६।।

karśayantaḥ śarīrasthaṃ bhūtagrāmam acetasaḥ|
māṃ caivāntaḥśarīrasthaṃ tān viddhy āsuraniścayān|| 6||

आहारस्त्वपि सर्वस्य त्रिविधो भवति प्रियः।
यज्ञस्तपस्तथा दानं तेषां भेदमिमं शृणु।। ७।।

āhāras tv api sarvasya trividho bhavati priyaḥ|
yajñas tapas tathā dānaṃ teṣāṃ bhedam imaṃ śṛṇu|| 7||

आयुःसत्त्वबलारोग्यसुखप्रीतिविवर्धनाः।
रस्याः स्निग्धाः स्थिरा हृद्या आहाराः सात्त्विकप्रियाः।। ८।।

āyuḥsattvabalārogyasukhaprītivivardhanāḥ|
rasyāḥ snigdhāḥ sthirā hṛdyā āhārāḥ sāttvikapriyāḥ|| 8||

कट्वम्ललवणात्युष्णतीक्ष्णरूक्षविदाहिनः।
आहारा राजसस्येष्टा दुःखशोकामयप्रदाः।। ९।।

---

[41] Alternate: कर्षयन्तः
[42] Alternate: अचेतनम्

kaṭvamlalavaṇātyuṣṇatīkṣṇarūkṣavidāhinaḥ|
āhārā rājasasyeṣṭā duḥkhaśokāmayapradāḥ|| 9||

यातयामं गतरसं पूति पर्युषितं च यत्।
उच्छिष्टमपि चामेध्यं भोजनं तामसप्रियम्।। १०।।

yātayāmaṃ gatarasaṃ pūti paryuṣitaṃ ca yat|
ucchiṣṭam api cāmedhyaṃ bhojanaṃ tāmasapriyam|| 10||

अफलाकाङ्क्षिभिर्यज्ञो विधिदृष्टो[43] य इज्यते।
यष्टव्यमेवेति मनः समाधाय स सात्त्विकः।। ११।।

aphalākāṅkṣibhir yajño vidhidṛṣṭo ya ijyate|
yaṣṭavyam eveti manaḥ samādhāya sa sāttvikaḥ|| 11||

अभिसंधाय तु फलं दम्भार्थमपि चैव यत्।
इज्यते भरतश्रेष्ठ तं यज्ञं विद्धि राजसम्।। १२।।

abhisaṃdhāya tu phalaṃ dambhārtham api caiva yat|
ijyate bharataśreṣṭha taṃ yajñaṃ viddhi rājasam|| 12||

विधिहीनमसृष्टान्नं मन्त्रहीनमदक्षिणम्।
श्रद्धाविरहितं यज्ञं तामसं परिचक्षते।। १३।।

vidhihīnam asṛṣṭānnaṃ mantrahīnam adakṣiṇam|
śraddhāvirahitaṃ yajñaṃ tāmasaṃ paricakṣate|| 13||

देवद्विजगुरुप्राज्ञपूजनं शौचमार्जवम्।
ब्रह्मचर्यमहिंसा च शारीरं तप उच्यते।।१४।।

devadvijaguruprājñapūjanaṃ śaucam ārjavam|
brahmacaryam ahiṃsā ca śārīraṃ tapa ucyate||14||

अनुद्वेगकरं वाक्यं सत्यं प्रियहितं च यत्।
स्वाध्यायाभ्यसनं चैव वाङ्मयं तप उच्यते।। १५।।

---

[43] Alternate: विधिदिष्टः

anudvegakaraṃ vākyaṃ satyaṃ priyahitaṃ ca yat|
svādhyāyābhyasanaṃ caiva vāṅmayaṃ tapa ucyate|| 15||

मनःप्रसादः सौम्यत्वं मौनमात्मविनिग्रहः।
भावसंशुद्धिरित्येतत्तपो मानसमुच्यते।। १६।।

manaḥprasādaḥ saumyatvaṃ maunam ātmavinigrahaḥ|
bhāvasaṃśuddhir ity etat tapo mānasam ucyate|| 16||

श्रद्धया परया तप्तं तपस्तत्त्रिविधं नरैः।
अफलाकाङ्क्षिभिर्युक्तैः सात्त्विकं परिचक्षते।। १७।।

śraddhayā parayā taptaṃ tapas tat trividhaṃ naraiḥ|
aphalākāṅkṣibhir yuktaiḥ sāttvikaṃ paricakṣate|| 17||

सत्कारमानपूजार्थं तपो दम्भेन चैव यत्।
क्रियते तदिह प्रोक्तं राजसं चलमध्रुवम्।। १८।।

satkāramānapūjārthaṃ tapo dambhena caiva yat|
kriyate tad iha proktaṃ rājasaṃ calam adhruvam|| 18||

मूढग्राहेणात्मनो यत्पीडया क्रियते तपः।
परस्योत्सादनार्थं वा तत्तामसमुदाहृतम्।। १९।।

mūḍhagrāheṇātmano yat pīḍayā kriyate tapaḥ|
parasyotsādanārthaṃ vā tat tāmasam udāhṛtam|| 19||

दातव्यमिति यद्दानं दीयते ऽनुपकारिणे।
देशे काले च पात्रे च तद्दानं सात्त्विकं स्मृतम्।। २०।।

dātavyam iti yad dānaṃ dīyate 'nupakāriṇe|
deśe kāle ca pātre ca tad dānaṃ sāttvikaṃ smṛtam|| 20||

यत्तु प्रत्युपकारार्थं फलमुद्दिश्य वा पुनः।
दीयते च परिक्लिष्टं तद्दानं राजसं स्मृतम्।।[44] २१।।

---

[44] Alternate: तद्राजसमुदाहृतः

yat tu pratyupakārārthaṃ phalam uddiśya vā punaḥ|
dīyate ca parikliṣṭaṃ tad dānaṃ rājasaṃ smṛtam|| 21||

अदेशकाले यद्दानमपात्रेभ्यश्च दीयते।
असत्कृतमवज्ञातं तत्तामसमुदाहृतम्।। २२।।

adeśakāle yad dānam apātrebhyaś ca dīyate|
asatkṛtam avajñātaṃ tat tāmasam udāhṛtam|| 22||

ॐ तत्सदिति निर्देशो ब्रह्मणस्त्रिविधः स्मृतः।
ब्राह्मणास्तेन वेदाश्च यज्ञाश्च विहिताः पुरा।। २३।।

ǒ tat sad iti nirdeśo brahmaṇas trividhaḥ smṛtaḥ|
brāhmaṇās tena vedāś ca yajñāś ca vihitāḥ purā|| 23||

तस्मादोमित्युदाहृत्य यज्ञदानतपःक्रियाः।
प्रवर्तन्ते विधानोक्ताः सततं ब्रह्मवादिनाम्।। २४।।

tasmād om ity udāhṛtya yajñadānatapaḥkriyāḥ|
pravartante vidhānoktāḥ satataṃ brahmavādinām|| 24||

तदित्यनभिसंधाय फलं यज्ञतपःक्रियाः।
दानक्रियाश्च विविधाः क्रियन्ते मोक्षकाङ्क्षिभिः।। २५।।

tad ity anabhisaṃdhāya phalaṃ yajñatapaḥkriyāḥ|
dānakriyāś ca vividhāḥ kriyante mokṣakāṅkṣibhiḥ|| 25||

सद्भावे साधुभावे च सदित्येतत्प्रयुज्यते।
प्रशस्ते कर्मणि तथा सच्छब्दः पार्थ युज्यते।। २६।।

sadbhāve sādhubhāve ca sad ity etat prayujyate|
praśaste karmaṇi tathā sacchabdaḥ pārtha yujyate|| 26||

यज्ञे तपसि दाने च स्थितिः सदिति चोच्यते।
कर्म चैव तदर्थीयं सदित्येवाभिधीयते।। २७।।

yajñe tapasi dāne ca sthitiḥ sad iti cocyate|
karma caiva tadarthīyaṃ sad ity evābhidhīyate|| 27||

अश्रद्धया हुतं दत्तं तपस्तप्तं कृतं च यत्।
असदित्युच्यते पार्थ न च तत्प्रेत्य नो इह।। २८।।

aśraddhayā hutaṃ dattaṃ tapas taptaṃ kṛtaṃ ca yat|
asad ity ucyate pārtha na ca tat pretya no iha|| 28||

Chapter Eighteen: मोक्षयोगः

अर्जुन उवाच

संन्यासस्य महाबाहो तत्त्वमिच्छामि वेदितुम्।
त्यागस्य च हृषीकेश पृथक्केशिनिषूदन।। १।।

arjuna uvāca

saṃnyāsasya mahābāho tattvamicchāmi veditum|
tyāgasya ca hṛṣīkeśa pṛthak keśiniṣūdana|| 1||

श्रीभगवानुवाच

काम्यानां कर्मणां न्यासं संन्यासं कवयो विदुः।
सर्वकर्मफलत्यागं प्राहुस्त्यागं विचक्षणाः।। २।।

śrībhagavān uvāca

kāmyānāṃ karmaṇāṃ nyāsaṃ saṃnyāsaṃ kavayo viduḥ|
sarvakarmaphalatyāgaṃ prāhus tyāgaṃ vicakṣaṇāḥ|| 2||

त्याज्यं दोषवदित्येके कर्म प्राहुर्मनीषिणः।
यज्ञदानतपःकर्म न त्याज्यमिति चापरे।। ३।।

tyājyaṃ doṣavad ity eke karma prāhur manīṣiṇaḥ|
yajñadānatapaḥkarma na tyājyam iti cāpare|| 3||

निश्चयं शृणु मे तत्र त्यागे भरतसत्तम।
त्यागो हि पुरुषव्याघ्र त्रिविधः संप्रकीर्तितः।। ४।।

niścayaṃ śṛṇu me tatra tyāge bharatasattama|
tyāgo hi puruṣavyāghra trividhaḥ saṃprakīrtitaḥ|| 4||

यज्ञदानतपःकर्म[45] न त्याज्यं कार्यमेव तत्।
यज्ञो दानं तपश्चैव पावनानि मनीषिणाम्।। ५।।

yajñadānatapaḥkarma na tyājyaṃ kāryam eva tat|
yajño dānaṃ tapaś caiva pāvanāni manīṣiṇām|| 5||

एतान्यपि तु कर्माणि सङ्गं त्यक्त्वा फलानि च।
कर्तव्यानीति मे पार्थ निश्चितं मतमुत्तमम्।। ६।।

etāny api tu karmāṇi saṅgaṃ tyaktvā phalāni ca|
kartavyānīti me pārtha niścitaṃ matam uttamam|| 6||

नियतस्य तु संन्यासः कर्मणो नोपपद्यते।
मोहात्तस्य परित्यागस्तामसः परिकीर्तितः।। ७।।

niyatasya tu saṃnyāsaḥ karmaṇo nopapadyate|
mohāt tasya parityāgas tāmasaḥ parikīrtitaḥ|| 7||

दुःखमित्येव यत्कर्म कायक्लेशभयात्त्यजेत्।
स कृत्वा राजसं त्यागं नैव त्यागफलं लभेत्।। ८।।

duḥkham ity eva yat karma kāyakleśabhayāt tyajet|
sa kṛtvā rājasaṃ tyāgaṃ naiva tyāgaphalaṃ labhet|| 8||

कार्यमित्येव यत्कर्म नियतं क्रियते ऽर्जुन।
सङ्गं त्यक्त्वा फलं चैव स त्यागः सात्त्विको मतः।। ९।।

---

[45]Alternate: यज्ञो दानं तपः कर्म

kāryam ity eva yat karma niyataṃ kriyate 'rjuna|
saṅgaṃ tyaktvā phalaṃ caiva sa tyāgaḥ sāttviko mataḥ|| 9||

न द्वेष्ट्यकुशलं कर्म कुशले नानुषज्जते।
त्यागी सत्त्वसमाविष्टो मेधावी छिन्नसंशयः।। १०।।

na dveṣṭy akuśalaṃ karma kuśale nānuṣajjate|
tyāgī sattvasamāviṣṭo medhāvī chinnasaṃśayaḥ|| 10||

न हि देहभृता शक्यं त्यक्तुं कर्माण्यशेषतः।
यस्तु कर्मफलत्यागी स त्यागीत्यभिधीयते।। ११।।

na hi dehabhṛtā śakyaṃ tyaktuṃ karmāṇy aśeṣataḥ|
yas tu karmaphalatyāgī sa tyāgīty abhidhīyate|| 11||

अनिष्टमिष्टं मिश्रं च त्रिविधं कर्मणः फलम्।
भवत्यत्यागिनां प्रेत्य न तु संन्यासिनां क्वचित्।। १२।।

aniṣṭam iṣṭaṃ miśraṃ ca trividhaṃ karmaṇaḥ phalam|
bhavaty atyāgināṃ pretya na tu saṃnyāsināṃ kvacit|| 12||

पञ्चैतानि[46] महाबाहो कारणानि निबोध मे।
सांख्ये कृतान्ते प्रोक्तानि सिद्धये सर्वकर्मणाम्।। १३।।

pañcaitāni mahābāho kāraṇāni nibodha me|
sāṃkhye kṛtānte proktāni siddhaye sarvakarmaṇām|| 13||

अधिष्ठानं तथा कर्ता करणं च पृथग्विधम्।
विविधाश्च पृथक्चेष्टा दैवं चैवात्र पञ्चमम्।। १४।।

adhiṣṭhānaṃ tathā kartā karaṇaṃ ca pṛthagvidham|
vividhāś ca pṛthakceṣṭā daivaṃ caivātra pañcamam|| 14||

शरीरवाङ्मनोभिर्यत्कर्म प्रारभते नरः।
न्याय्यं वा विपरीतं वा पञ्चैते तस्य हेतवः।। १५।।

---

[46] Alternate: पञ्चेमानि

śarīravāṅmanobhir yat karma prārabhate naraḥ|
nyāyyaṃ vā viparītaṃ vā pañcaite tasya hetavaḥ|| 15||

तत्रैवं सति कर्तारमात्मानं केवलं तु यः।
पश्यत्यकृतबुद्धित्वान्न स पश्यति दुर्मतिः।। १६।।

tatraivaṃ sati kartāram ātmānaṃ kevalaṃ tu yaḥ|
paśyaty akṛtabuddhitvān na sa paśyati durmatiḥ|| 16||

यस्य नाहंकृतो भावो बुद्धिर्यस्य न लिप्यते।
हत्वापि स इमाँल्लोकान्न हन्ति न निबध्यते।। १७।।

yasya nāhaṃkṛto bhāvo buddhir yasya na lipyate|
hatvāpi sa imām̐l lokān na hanti na nibadhyate|| 17||

ज्ञानं ज्ञेयं परिज्ञाता त्रिविधा कर्मचोदना।
करणं कर्म कर्तेति त्रिविधः कर्मसंग्रहः।। १८।।

jñānaṃ jñeyaṃ parijñātā trividhā karmacodanā|
karaṇaṃ karma karteti trividhaḥ karmasaṃgrahaḥ|| 18||

ज्ञानं कर्म च कर्ता च त्रिधैव गुणभेदतः।
प्रोच्यते गुणसंख्याने यथावच्छृणु तान्यपि।। १९।।

jñānaṃ karma ca kartā ca tridhaiva guṇabhedataḥ|
procyate guṇasaṃkhyāne yathāvac chṛṇu tāny api|| 19||

सर्वभूतेषु येनैकं भावमव्ययमीक्षते।
अविभक्तं विभक्तेषु तज्ज्ञानं विद्धि सात्त्विकम्।। २०।।

sarvabhūteṣu yenaikaṃ bhāvam avyayam īkṣate|
avibhaktaṃ vibhakteṣu taj jñānaṃ viddhi sāttvikam|| 20||

पृथक्त्वेन तु यज्ज्ञानं नानाभावान्पृथग्विधान्।
वेत्ति सर्वेषु भूतेषु तज्ज्ञानं विद्धि राजसम्।। २१।।

pṛthaktvena tu yaj jñānaṃ nānābhāvān pṛthagvidhān|
vetti sarveṣu bhūteṣu taj jñānaṃ viddhi rājasam|| 21||

यत्तु कृत्स्नवदेकस्मिन्कार्ये सक्तमहैतुकम्।[47]
अतत्त्वार्थवदल्पं च तत्तामसमुदाहृतम्।। २२।।

yat tu kṛtsnavad ekasmin kārye saktam ahaitukam|
atattvārthavad alpaṃ ca tat tāmasam udāhṛtam|| 22||

नियतं सङ्गरहितमरागद्वेषतः कृतम्।
अफलप्रेप्सुना कर्म यत्तत् सात्त्विकमुच्यते।। २३।।

niyataṃ saṅgarahitam arāgadveṣataḥ kṛtam|
aphalaprepsunā karma yat tat sāttvikam ucyate|| 23||

यत्तु कामेप्सुना कर्म साहंकारेण वा पुनः।
क्रियते बहुलायासं तद्राजसमुदाहृतम्।। २४।।

yat tu kāmepsunā karma sāhaṃkāreṇa vā punaḥ|
kriyate bahulāyāsaṃ tad rājasam udāhṛtam|| 24||

अनुबन्धं क्षयं हिंसामनपेक्ष्य च पौरुषम्।
मोहादारभ्यते कर्म यत्तत्तामसमुच्यते।। २५।।

anubandhaṃ kṣayaṃ hiṃsām anapekṣya ca pauruṣam|
mohād ārabhyate karma yat tat tāmasam ucyate|| 25||

मुक्तसङ्गो ऽनहंवादी धृत्युत्साहसमन्वितः।
सिद्ध्यसिद्ध्योर्निर्विकारः कर्ता सात्त्विक उच्यते।। २६।।

muktasaṅgo 'nahaṃvādī dhṛtyutsāhasamanvitaḥ|
siddhyasiddhyor nirvikāraḥ kartā sāttvika ucyate|| 26||

रागी कर्मफलप्रेप्सुर्लुब्धो हिंसात्मको ऽशुचिः।
हर्षशोकान्वितः कर्ता राजसः परिकीर्तितः।। २७।।

rāgī karmaphalaprepsur lubdho hiṃsātmako 'śuciḥ|
harṣaśokānvitaḥ kartā rājasaḥ parikīrtitaḥ|| 27||

---

[47] Alternate: अहेतुकम्

अयुक्तः प्राकृतः स्तब्धः शठो नैकृतिको ऽलसः।[48]
विषादी दीर्घसूत्री च कर्ता तामस उच्यते।। २८।।

ayuktaḥ prākṛtaḥ stabdhaḥ śaṭho naikṛtiko 'lasaḥ|
viṣādī dīrghasūtrī ca kartā tāmasa ucyate|| 28||

बुद्धेर्भेदं धृतेश्चैव गुणतस्त्रिविधं शृणु।
प्रोच्यमानमशेषेण पृथक्त्वेन धनंजय।। २९।।

buddher bhedaṃ dhṛteś caiva guṇatas trividhaṃ śṛṇu|
procyamānam aśeṣeṇa pṛthaktvena dhanaṃjaya|| 29||

प्रवृत्तिं च निवृत्तिं च कार्याकार्ये भयाभये।
बन्धं मोक्षं च या वेत्ति बुद्धिः सा पार्थ सात्त्विकी।। ३०।।

pravṛttiṃ ca nivṛttiṃ ca kāryākārye bhayābhaye|
bandhaṃ mokṣaṃ ca yā vetti buddhiḥ sā pārtha sāttvikī|| 30||

यया धर्ममधर्मं च कार्यं चाकार्यमेव च।
अयथावत्प्रजानाति बुद्धिः सा पार्थ राजसी।। ३१।।

yayā dharmam adharmaṃ ca kāryaṃ cākāryam eva ca|
ayathāvat prajānāti buddhiḥ sā pārtha rājasī|| 31||

अधर्मं धर्ममिति या मन्यते तमसावृता।
सर्वार्थान्विपरीतांश्च बुद्धिः सा पार्थ तामसी।। ३२।।

adharmaṃ dharmam iti yā manyate tamasāvṛtā|
sarvārthān viparītāṃś ca buddhiḥ sā pārtha tāmasī|| 32||

धृत्या यया धारयते मनःप्राणेन्द्रियक्रियाः।
योगेनाव्यभिचारिण्या धृतिः सा पार्थ सात्त्विकी।। ३३।।

dhṛtyā yayā dhārayate manaḥprāṇendriyakriyāḥ|
yogenāvyabhicāriṇyā dhṛtiḥ sā pārtha sāttvikī|| 33||

---

[48] Alternate: नैष्कृतिको ऽलसः

यया तु धर्मकामार्थान्धृत्या धारयतेऽर्जुन।
प्रसङ्गेन फलाकाङ्क्षी धृतिः सा पार्थ राजसी।। ३४।।

yayā tu dharmakāmārthān dhṛtyā dhārayate 'rjuna|
prasaṅgena phalākāṅkṣī dhṛtiḥ sā pārtha rājasī|| 34||

यया स्वप्नं भयं शोकं विषादं मदमेव च।
न विमुञ्चति दुर्मेधा धृतिः सा पार्थ तामसी।।[49] ३५।।

yayā svapnaṃ bhayaṃ śokaṃ viṣādaṃ madam eva ca|
na vimuñcati durmedhā dhṛtiḥ sā pārtha tāmasī|| 35||

सुखं त्विदानीं त्रिविधं शृणु मे भरतर्षभ।
अभ्यासाद्रमते यत्र दुःखान्तं च निगच्छति।। ३६।।

sukhaṃ tv idānīṃ trividhaṃ śṛṇu me bharatarṣabha|
abhyāsād ramate yatra duḥkhāntaṃ ca nigacchati|| 36||

यत्तदग्रे विषमिव परिणामेऽमृतोपमम्।
तत्सुखं सात्त्विकं प्रोक्तमात्मबुद्धिप्रसादजम्।। ३७।।

yat tad agre viṣam iva pariṇāme 'mṛtopamam|
tat sukhaṃ sāttvikaṃ proktam ātmabuddhiprasādajam|| 37||

विषयेन्द्रियसंयोगाद्यत्तदग्रेऽमृतोपमम्।
परिणामे विषमिव तत्सुखं राजसं स्मृतम्।। ३८।।

viṣayendriyasaṃyogād yat tad agre 'mṛtopamam|
pariṇāme viṣam iva tat sukhaṃ rājasaṃ smṛtam|| 38||

यदग्रे चानुबन्धे च सुखं मोहनमात्मनः।
निद्रालस्यप्रमादोत्थं तत्तामसमुदाहृतम्।। ३९।।

yad agre cānubandhe ca sukhaṃ mohanam ātmanaḥ|
nidrālasyapramādottham tat tāmasam udāhṛtam|| 39||

---

[49]Alternate: धृतिः सा तामसी मता

न तदस्ति पृथिव्यां वा दिवि देवेषु वा पुनः।
सत्त्वं प्रकृतिजैर्मुक्तं यदेभिः स्यात्त्रिभिर्गुणैः।। ४०।।

na tad asti pṛthivyāṃ vā divi deveṣu vā punaḥ|
sattvaṃ prakṛtijair muktaṃ yad ebhiḥ syāt tribhir guṇaiḥ|| 40||

ब्राह्मणक्षत्रियविशां शूद्राणां च परंतप।
कर्माणि प्रविभक्तानि स्वभावप्रभवैर्गुणैः।। ४१।।

brāhmaṇakṣatriyaviśāṃ śūdrāṇāṃ ca paraṃtapa|
karmāṇi pravibhaktāni svabhāvaprabhavair guṇaiḥ|| 41||

शमो दमस्तपः शौचं क्षान्तिरार्जवमेव च।
ज्ञानं विज्ञानमास्तिक्यं ब्रह्मकर्म स्वभावजम्।। ४२।।

śamo damas tapaḥ śaucaṃ kṣāntir ārjavam eva ca|
jñānaṃ vijñānam āstikyaṃ brahmakarma svabhāvajam|| 42||

शौर्यं तेजो धृतिर्दाक्ष्यं युद्धे चाप्यपलायनम्।
दानमीश्वरभावश्च क्षात्रं कर्म स्वभावजम्।। ४३।।

śauryaṃ tejo dhṛtir dākṣyaṃ yuddhe cāpy apalāyanam|
dānam īśvarabhāvaś ca kṣātraṃ karma svabhāvajam|| 43||

कृषिगोरक्ष्यवाणिज्यं[50] वैश्यकर्म स्वभावजम्।
परिचर्यात्मकं कर्म शूद्रस्यापि स्वभावजम्।। ४४।।

kṛṣigorakṣyavāṇijyaṃ vaiśyakarma svabhāvajam|
paricaryātmakaṃ karma śūdrasyāpi svabhāvajam|| 44||

स्वे स्वे कर्मण्यभिरतः संसिद्धिं लभते नरः।
स्वकर्मनिरतः सिद्धिं यथा विन्दति तच्छृणु।। ४५।।

sve sve karmaṇy abhirataḥ saṃsiddhiṃ labhate naraḥ|
svakarmanirataḥ siddhiṃ yathā vindati tac chṛṇu|| 45||

---

[50]Alternate: कृषिगौरक्ष्यवाणिज्यम्

यतः प्रवृत्तिर्भूतानां येन सर्वमिदं ततम्।
स्वकर्मणा तमभ्यर्च्य सिद्धिं विन्दति मानवः।। ४६।।

yataḥ pravṛttir bhūtānāṃ yena sarvam idaṃ tatam|
svakarmaṇā tam abhyarcya siddhiṃ vindati mānavaḥ|| 46||

श्रेयान्स्वधर्मो विगुणः परधर्मात्स्वनुष्ठितात्।
स्वभावनियतं कर्म कुर्वन्नाप्नोति किल्बिषम्।। ४७।।

śreyān svadharmo viguṇaḥ paradharmāt svanuṣṭhitāt|
svabhāvaniyataṃ karma kurvan nāpnoti kilbiṣam|| 47||

सहजं कर्म कौन्तेय सदोषमपि न त्यजेत्।
सर्वारम्भा हि दोषेण धूमेनाग्निरिवावृताः।। ४८।।

sahajaṃ karma kaunteya sadoṣam api na tyajet|
sarvārambhā hi doṣeṇa dhūmenāgnir ivāvṛtāḥ|| 48||

असक्तबुद्धिः सर्वत्र जितात्मा विगतस्पृहः।
नैष्कर्म्यसिद्धिं परमां संन्यासेनाधिगच्छति।। ४९।।

asaktabuddhiḥ sarvatra jitātmā vigataspṛhaḥ|
naiṣkarmyasiddhiṃ paramāṃ saṃnyāsenādhigacchati|| 49||

सिद्धिं प्राप्तो यथा ब्रह्म तथाप्नोति निबोध मे।
समासेनैव कौन्तेय निष्ठा ज्ञानस्य या परा।। ५०।।

siddhiṃ prāpto yathā brahma tathāpnoti nibodha me|
samāsenaiva kaunteya niṣṭhā jñānasya yā parā|| 50||

बुद्ध्या विशुद्धया युक्तो धृत्यात्मानं नियम्य च।
शब्दादीन्विषयांस्त्यक्त्वा रागद्वेषौ व्युदस्य च।। ५१।।

buddhyā viśuddhayā yukto dhṛtyātmānaṃ niyamya ca|
śabdādīn viṣayāṃs tyaktvā rāgadveṣau vyudasya ca|| 51||

विविक्तसेवी लघ्वाशी यतवाक्कायमानसः।
ध्यानयोगपरो नित्यं वैराग्यं समुपाश्रितः।। ५२।।

viviktasevī laghvāśī yatavākkāyamānasaḥ|
dhyānayogaparo nityaṃ vairāgyaṃ samupāśritaḥ|| 52||

अहंकारं बलं दर्पं कामं क्रोधं परिग्रहम्|
विमुच्य निर्ममः शान्तो ब्रह्मभूयाय कल्पते|| ५३||

ahaṃkāraṃ balaṃ darpaṃ kāmaṃ krodhaṃ parigraham|
vimucya nirmamaḥ śānto brahmabhūyāya kalpate|| 53||

ब्रह्मभूतः प्रसन्नात्मा न शोचति न काङ्क्षति|
समः सर्वेषु भूतेषु मद्भक्तिं लभते पराम्|| ५४||

brahmabhūtaḥ prasannātmā na śocati na kāṅkṣati|
samaḥ sarveṣu bhūteṣu madbhaktiṃ labhate parām|| 54||

भक्त्या मामभिजानाति यावान्यश्चास्मि तत्त्वतः|
ततो मां तत्त्वतो ज्ञात्वा विशते तदनन्तरम्|| ५५||

bhaktyā mām abhijānāti yāvān yaś cāsmi tattvataḥ|
tato māṃ tattvato jñātvā viśate tadanantaram|| 55||

सर्वकर्माण्यपि सदा कुर्वाणो मद्व्यपाश्रयः|
मत्प्रसादादवाप्नोति शाश्वतं पदमव्ययम्|| ५६||

sarvakarmāṇy api sadā kurvāṇo madvyapāśrayaḥ|
matprasādād avāpnoti śāśvataṃ padam avyayam|| 56||

चेतसा सर्वकर्माणि मयि संन्यस्य मत्परः|
बुद्धियोगमुपाश्रित्य[51] मच्चित्तः सततं भव|| ५७||

cetasā sarvakarmāṇi mayi saṃnyasya matparaḥ|
buddhiyogam upāśritya maccittaḥ satataṃ bhava|| 57||

मच्चित्तः सर्वदुर्गाणि मत्प्रसादात्तरिष्यसि|
अथ चेत्त्वमहंकारान्न श्रोष्यसि विनङ्क्ष्यसि|| ५८||

maccittaḥ sarvadurgāṇi matprasādāt tariṣyasi|
atha cet tvam ahaṃkārān na śroṣyasi vinaṅkṣyasi|| 58||

[51] Alternate: बुद्धियोगमपाश्रित्य

यदहंकारमाश्रित्य न योत्स्य इति मन्यसे।
मिथ्यैष[52] व्यवसायस्ते प्रकृतिस्त्वां नियोक्ष्यति।। ५९।।

yad ahaṃkāram āśritya na yotsya iti manyase|
mithyaiṣa vyavasāyas te prakṛtis tvāṃ niyokṣyati|| 59||

स्वभावजेन कौन्तेय निबद्धः स्वेन कर्मणा।
कर्तुं नेच्छसि यन्मोहात्करिष्यस्यवशो ऽपि तत्।। ६०।।

svabhāvajena kaunteya nibaddhaḥ svena karmaṇā|
kartuṃ necchasi yan mohāt kariṣyasy avaśo 'pi tat|| 60||

ईश्वरः सर्वभूतानां हृद्देशे ऽर्जुन तिष्ठति।
भ्रामयन्सर्वभूतानि यन्त्रारूढानि मायया।। ६१।।

īśvaraḥ sarvabhūtānāṃ hṛddeśe 'rjuna tiṣṭhati|
bhrāmayan sarvabhūtāni yantrārūḍhāni māyayā|| 61||

तमेव शरणं गच्छ सर्वभावेन भारत।
तत्प्रसादात्परां शान्तिं स्थानं प्राप्स्यसि शाश्वतम्।। ६२।।

tam eva śaraṇaṃ gaccha sarvabhāvena bhārata|
tatprasādāt parāṃ śāntiṃ sthānaṃ prāpsyasi śāśvatam|| 62||

इति ते ज्ञानमाख्यातं गुह्याद्गुह्यतरं मया।
विमृश्यैतदशेषेण यथेच्छसि तथा कुरु।। ६३।।

iti te jñānam ākhyātaṃ guhyād guhyataraṃ mayā|
vimṛśyaitad aśeṣeṇa yathecchasi tathā kuru|| 63||

सर्वगुह्यतमं भूयः शृणु मे परमं वचः।
इष्टो ऽसि मे दृढमिति ततो वक्ष्यामि ते हितम्।। ६४।।

sarvaguhyatamaṃ bhūyaḥ śṛṇu me paramaṃ vacaḥ|
iṣṭo 'si me dṛḍham iti tato vakṣyāmi te hitam|| 64||

---

[52]Alternate: मिथ्यैव

मन्मना भव मद्भक्तो मद्याजी मां नमस्कुरु।
मामेवैष्यसि सत्यं ते प्रतिजाने प्रियो ऽसि मे।। ६५।।

manmanā bhava madbhakto madyājī māṃ namaskuru|
mām evaiṣyasi satyaṃ te pratijāne priyo 'si me|| 65||

सर्वधर्मान्परित्यज्य मामेकं शरणं व्रज।
अहं त्वा सर्वपापेभ्यो मोक्षयिष्यामि मा शुचः।। ६६।।

sarvadharmān parityajya mām ekaṃ śaraṇaṃ vraja|
ahaṃ tvā sarvapāpebhyo mokṣayiṣyāmi mā śucaḥ|| 66||

इदं ते नातपस्काय नाभक्ताय कदाचन।
न चाशुश्रूषवे वाच्यं न च मां यो ऽभ्यसूयति।। ६७।।

idaṃ te nātapaskāya nābhaktāya kadā cana|
na cāśuśrūṣave vācyaṃ na ca māṃ yo 'bhyasūyati|| 67||

य इदं[53] परमं गुह्यं मद्भक्तेष्वभिधास्यति।
भक्तिं मयि परां कृत्वा मामेवैष्यत्यसंशयः।। ६८।।

ya idaṃ paramaṃ guhyaṃ madbhakteṣv abhidhāsyati|
bhaktiṃ mayi parāṃ kṛtvā mām evaiṣyaty asaṃśayaḥ|| 68||

न च तस्मान्मनुष्येषु कश्चिन्मे प्रियकृत्तमः।
भविता न च मे तस्मादन्यः प्रियतरो भुवि।। ६९।।

na ca tasmān manuṣyeṣu kaścin me priyakṛttamaḥ|
bhavitā na ca me tasmād anyaḥ priyataro bhuvi|| 69||

अध्येष्यते च य इमं धर्म्यं संवादमावयोः।
ज्ञानयज्ञेन तेनाहमिष्टः स्यामिति मे मतिः।। ७०।।

adhyeṣyate ca ya imaṃ dharmyaṃ saṃvādam āvayoḥ|
jñānayajñena tenāham iṣṭaḥ syām iti me matiḥ|| 70||

---

[53] Alternate: इमम्

श्रद्धावाननसूयश्च शृणुयादपि यो नरः।
सो ऽपि मुक्तः शुभाँल्लोकान् प्राप्नुयात्पुण्यकर्मणाम्।। ७१।।

śraddhāvān anasūyaś ca śṛṇuyād api yo naraḥ|
so 'pi muktaḥ śubhām̐l lokān prāpnuyāt puṇyakarmaṇām|| 71||

कच्चिदेतच्छ्रुतं पार्थ त्वयैकाग्रेण चेतसा।
कच्चिदज्ञानसंमोहः प्रनष्टस्ते धनंजय।। ७२।।

kaccid etac chrutaṃ pārtha tvayaikāgreṇa cetasā|
kaccid ajñānasaṃmohaḥ pranaṣṭas te dhanaṃjaya|| 72||

अर्जुन उवाच

नष्टो मोहः स्मृतिर्लब्धा त्वत्प्रसादान्मयाच्युत।
स्थितो ऽस्मि गतसंदेहः करिष्ये वचनं तव।। ७३।।

arjuna uvāca

naṣṭo mohaḥ smṛtir labdhā tvatprasādān mayācyuta|
sthito 'smi gatasaṃdehaḥ kariṣye vacanaṃ tava|| 73||

संजय उवाच

इत्यहं वासुदेवस्य पार्थस्य च महात्मनः।
संवादमिममश्रौषमद्भुतं रोमहर्षणम्।। ७४।।

saṃjaya uvāca

ity ahaṃ vāsudevasya pārthasya ca mahātmanaḥ|
saṃvādam imam aśrauṣam adbhutaṃ romaharṣaṇam|| 74||

व्यासप्रसादाच्छ्रुतवानेतद्गुह्यमहं परम्।
योगं योगेश्वरात्कृष्णात्साक्षात्कथयतः स्वयम्।। ७५।।

vyāsaprasādāc chrutavān etad guhyam ahaṃ param|
yogaṃ yogeśvarāt kṛṣṇāt sākṣāt kathayataḥ svayam|| 75||

राजन्संस्मृत्य संस्मृत्य संवादमिममद्भुतम्।
केशवार्जुनयोः पुण्यं हृष्यामि च मुहुर्मुहुः।। ७६।।

rājan saṃsmṛtya saṃsmṛtya saṃvādam imam adbhutam|
keśavārjunayoḥ puṇyaṃ hṛṣyāmi ca muhur muhuḥ|| 76||

तच्च संस्मृत्य संस्मृत्य रूपमत्यद्भुतं हरेः।
विस्मयो मे महान्राजन्हृष्यामि च पुनः पुनः।। ७७।।

tac ca saṃsmṛtya saṃsmṛtya rūpam atyadbhutaṃ hareḥ|
vismayo me mahān rājan hṛṣyāmi ca punaḥ punaḥ|| 77||

यत्र योगेश्वरः कृष्णो यत्र पार्थो धनुर्धरः।
तत्र श्रीर्विजयो भूतिर्ध्रुवा नीतिर्मतिर्मम।। ७८।।

yatra yogeśvaraḥ kṛṣṇo yatra pārtho dhanurdharaḥ|
tatra śrīr vijayo bhūtir dhruvā nītir matir mama|| 78||

Appendix: Traditional Summaries of the Gītā

शाङ्करभाष्योपक्रमणिका

ओं नारायणः परो ऽव्यक्तादण्डमव्यक्तसम्भवम्।
अण्डस्यान्तस्त्विमे लोकाः सप्तद्वीपा च मेदिनी।।

स भगवान् सृष्ट्वेदं जगत् तस्य च स्थितिं चिकीर्षुर्मरीच्यादीनग्रे सृष्ट्वा प्रजापतीन्प्रवृत्तिलक्षणं धर्मं ग्राहयामास वेदोक्तम्। ततो ऽन्यांश्च सनकसनन्दनादीनुत्पाद्य निवृत्तिलक्षणं धर्मं ज्ञानवैराग्यलक्षणं ग्राहयामास। द्विविधो हि वेदोक्तो धर्मः प्रवृत्तिलक्षणो निवृत्तिलक्षणश्च। जगतः स्थितिकारणं प्राणिनां साक्षादभ्युदयनिःश्रेयसहेतुर्यः स धर्मो ब्राह्मणाद्यैर्वर्णिभिराश्रमिभिश्च श्रेयो ऽर्थिभिरनुष्ठीयमानः।

दीर्घेण कालेनानुष्ठातॄणां कामोद्भवाद्धीयमानविवेकविज्ञानहेतुकेनाधर्मेणाभिभूयमाने धर्मे, प्रवर्धमाने चाधर्मे, जगतः स्थितिं परिपिपालयिषुः स आदिकर्ता नारायणाख्यो विष्णुर्भौमस्य ब्रह्मणो ब्राह्मणत्वस्य रक्षणार्थं देवक्यां वसुदेवादंशेन कृष्णः किल सम्बभूव। ब्राह्मणत्वस्य हि रक्षणेन रक्षितः स्याद्वैदिको धर्मः तदधीनत्वाद्वर्णाश्रमभेदानाम्।

स च भगवान् ज्ञानैश्वर्यशक्तिबलवीर्यतेजोभिः सदा सम्पन्नस्त्रिगुणात्मिकां वैष्णवीं स्वां मायां मूलप्रकृतिं वशीकृत्य अजो ऽव्ययो भूतानामीश्वरो नित्य-शुद्धबुद्धमुक्तस्वभावो ऽपि सन्स्वमायया देहवानिव जात इव च लोकानुग्रहं कुर्वन्निव लक्ष्यते। स्वप्रयोजनाभावे ऽपि भूतानुजिघृक्षया वैदिकं हि धर्मद्वय-मर्जुनाय शोकमोहमहोदधौ निमग्नाय उपदिदेश, गुणाधिकैर्हि गृहीतो ऽनु-ष्ठीयमानश्च धर्मः प्रचयं गमिष्यतीति। तं धर्मं भगवता यथोपदिष्टं वेदव्यासः सर्वज्ञो भगवान् गीताख्यैः सप्तभिः श्लोकशतैरुपनिबबन्ध।

तदिदं गीताशास्त्रं समस्तवेदार्थसारसङ्ग्रहभूतं दुर्विज्ञेयार्थं। तदर्थाविष्करणाय अनेकैर्विवृतपदपदार्थवाक्यवाक्यार्थन्यायमपि अत्यन्तविरुद्धानेकार्थत्वेन लौ-किकैर्गृह्यमाणमुपलभ्याहं विवेकतो ऽर्थनिर्धारणार्थं संक्षेपतो विवरणं करि-ष्यामि।

तस्यास्य गीताशास्त्रस्य संक्षेपतः प्रयोजनं परं निःश्रेयसं सहेतुकस्य संसा-रस्य अत्यन्तोपरमलक्षणम्। तच्च सर्वकर्मसन्न्यासपूर्वकादात्मज्ञाननिष्ठारू-पाद्धर्माद्भवति। तथेममेव गीतार्थधर्ममुद्दिश्य भगवतैवोक्तम्—

स हि धर्मः सुपर्याप्तो ब्रह्मणः पदवेदने (म. भा. १४.१६.१२) इत्यनुगीतासु। तत्रैव चोक्तं

नैव धर्मी न चाधर्मी न चैव हि शुभाशुभी। (म. भा. १४.१९.७)

यः स्यादेकासने लीनस्तूष्णीं किंचिदचिन्तयन्। (म. भा. १४.१९.१)

ज्ञानं संन्यासलक्षणम् (म. भा. १४.४३.२६) इति च।

इहापि चान्ते उक्तमर्जुनाय

सर्वधर्मान् परित्यज्य मामेकं शरणं व्रज (गीता १८.६६) इति।

अभ्युदयार्थो ऽपि यः प्रवृत्तिलक्षणो धर्मो वर्णाश्रमांश्चोद्दिश्य विहितः, स दे-वादिस्थानप्राप्तिहेतुरपि सन्, ईश्वरार्पणबुद्ध्यानुष्ठीयमानः सत्त्वशुद्धये भवति

फलाभिसन्धिवर्जितः। शुद्धसत्त्वस्य च ज्ञाननिष्ठायोग्यताप्राप्तिद्वारेण ज्ञानोत्पत्तिहेतुत्वेन च निःश्रेयसहेतुत्वमपि प्रतिपद्यते। तथा चेममेवार्थमभिसन्धाय वक्ष्यति

ब्रह्मण्याधाय कर्माणि यतचित्ता जितेन्द्रियाः (गीता ५.१०)।
योगिनः कर्म कुर्वन्ति सङ्गं त्यक्त्वात्मशुद्धये (गीता ५.११) इति।

इमं द्विप्रकारं धर्मं निःश्रेयसप्रयोजनं परमार्थतत्त्वं च वासुदेवाख्यं परब्रह्मा ऽभिधेयभूतं विशेषतो ऽभिव्यञ्जयद्विशिष्टप्रयोजनसम्बन्धाभिधेयवद्गीताशास्त्रम्। यतस्तदर्थविज्ञानेन समस्तपुरुषार्थसिद्धिरिति, अतस्तद्विवरणे यत्नः क्रियते मया।।

गीतार्थसङ्ग्रहः यमुनामुनिना रचितः

स्वधर्मज्ञानवैराग्यसाध्यभक्त्येकगोचरः।
नारायणः परं ब्रह्म गीताशास्त्रे समीरितः।। १।।

ज्ञानकर्मात्मिके योगलक्ष्ये सुसंस्कृते।
आत्मानुभूतिसिद्ध्यर्थे पूर्वषट्केन चोदिते।। २।।

मध्यमे भगवत्तत्त्वयाथात्म्यावाप्तिसिद्धये।
ज्ञानकर्माभिनिर्वर्त्यो भक्तियोगः प्रकीर्तितः।। ३।।

प्रधानपुरुषव्यक्तसर्वेश्वरविवेचनम्।
कर्मधीर्भक्तिरित्यादिः पूर्वशेषो ऽन्तिमोदितः।। ४।।

अस्थानस्नेहकारुण्यधर्माधर्मधियाकुलम्।
पार्थं प्रपन्नमुद्दिश्य शास्त्रावतरणं कृतम्।। ५।।

नित्यात्मासङ्गकर्मेहागोचरा साङ्ख्ययोगधीः।
द्वितीये स्थितधीलक्षा प्रोक्ता तन्मोहशान्तये।। ६।।

असक्त्या लोकरक्षायै गुणेष्वारोप्य कर्तृताम्।
सर्वेश्वरे वा न्यस्योक्ता तृतीये कर्मकार्यता।। ७।।

प्रसङ्गात्स्वस्वभावोक्तिः कर्मणो ऽकर्मतास्य च।
भेदा ज्ञानस्य माहात्म्यं चतुर्थाध्याय उच्यते।। ८।।

कर्मयोगस्य सौकर्यं शैघ्र्यं काश्चन तद्विधाः।
ब्रह्मज्ञानप्रकारश्च पञ्चमाध्याय उच्यते।। ९।।

योगाभ्यासविधिर्योगी चतुर्धा योगसाधनम् ।
योगसिद्धिः स्वयोगस्य पारम्यं षष्ठ उच्यते ।।१०।।

स्वयाथात्म्यं प्रकृत्यास्य तिरोधिः शरणागतिः।
भक्तभेदः प्रबुद्धस्य श्रैष्ठ्यं सप्तम उच्यते।। ११।।

ऐश्वर्याक्षरयाथात्म्यभगवच्छरणार्थिनाम्।
वेद्योपादेयभावानामष्टमे भेद उच्यते।। १२।।

स्वमाहात्म्यं मनुष्यत्वे परत्वं च महात्मनाम्।
विशेषो नवमे योगो भक्तिरूपः प्रकीर्तितः।। १३।।

स्वकल्याणगुणानन्त्यकृत्स्नस्वाधीनतामतिः।
भक्त्युत्पत्तिविवृद्ध्यर्था विस्तीर्णा दशमोदिता।। १४।।

एकादशे स्वयाथात्म्यसाक्षात्कारावलोकनम्।
दत्तमुक्तं विदिप्राप्त्योर्भक्त्येकोपायता तथा।। १५।।

भक्तेः श्रैष्ठ्यमुपायोक्तिरशक्तस्यात्मनिष्ठता।
तत्प्रकारास्त्वतिप्रीतिर्भक्ते द्वादश उच्यते।। १६।।

देवस्वरूपमात्माप्तिहेतुरात्मविशोधनम्।
बन्धहेतुर्विवेकश्च त्रयोदश उदीर्यते।। १७।।

गुणबन्धविधा तेषां कर्तृत्वं तन्निवर्तनम्।
गतित्रयस्वमूलत्वं चतुर्दश उदीर्यते।। १८।।

अचिन्मिश्राद्विशुद्धाच्च चेतनात्पुरुषोत्तमः।
व्यापनाद्भरणात्स्वाम्यादन्यः पञ्चदशोदितः।। १९।।

देवासुरविभागोक्तिपूर्विका शास्त्रवश्यता।
तत्त्वानुष्ठानविज्ञानस्थेम्ने षोडश उच्यते।। २०।।

अशास्त्रमासुरं कृत्स्नं शास्त्रीयं गुणतः पृथक्।
लक्षणं शास्त्रसिद्धस्य त्रिधा सप्तदशोदितम्।। २१।।

ईश्वरे कर्तृताबुद्धिः सत्त्वोपादेयतान्तिमे।
स्वकर्मपरिणामश्च शास्त्रसारार्थ उच्यते।। २२।।

कर्मयोगस्तपस्तीर्थदानयज्ञादिसेवनम्।
ज्ञानयोगो जितस्वान्तैः परिशुद्धात्मनि स्थितिः।। २३।।

भक्तियोगः परैकान्तप्रीत्या ध्यानादिषु स्थितिः।
त्रयाणामपि योगानां त्रिभिरन्योन्यसङ्गमः।। २४।।

नित्यनैमित्तिकानां च पराराधनरूपिणाम्।
आत्मदृष्टेस्त्रयो ऽप्येते योगद्वारेण साधकाः।। २५।।

निरस्तनिखिलाज्ञानो दृष्ट्वात्मानं परानुगम्।
प्रतिलभ्य परां भक्तिं तथैवाप्नोति तत्पदम्।। २६।।

भक्तियोगस्तदर्थी चेत्समग्रैश्वर्यसाधकः।
आत्मार्थी चेत्त्रयो ऽप्येते तत्कैवल्यस्य साधकाः।। २७।।

ऐकान्त्यं भगवत्येषां समानमधिकारिणाम्।
यावत्प्राप्ति परार्थी चेत्तदेवात्यन्तमश्नुते।। २८।।

ज्ञानी तु परमैकान्तो तदायत्तात्मजीवनः।
तत्संश्लेषवियोगैकसुखदुःखस्तदेकधीः।। २९।।

भगवद्ध्यानयोगोक्तिवन्दनस्तुतिकीर्तनैः।
लब्धात्मा तद्गतप्राणमनोबुद्धीन्द्रियक्रियः।। ३०।।

निजकर्मादिभक्त्यन्तं कुर्यात्प्रीत्यैव कारितः।
उपायतां परित्यज्य न्यस्येद्देवे तु तामभीः।। ३१।।

एकान्तात्यन्तदास्यैकरतिस्तत्पदमाप्नुयात्।
तत्प्रधानम् इदं शास्त्रमिति गीतार्थसङ्ग्रहः।। ३२।।

रामानुजभाष्योपक्रमणिका

हरिः ॐ

यत्पदाम्भोरुहध्यानविध्वस्ताशेषकल्मषः।
वस्तुतामुपयातोऽहं यामुनेयं नमामि तम्॥

श्रियः पतिः निखिलहेयप्रत्यनीककल्याणैकतानःस्वेतरसमस्तवस्तुविलक्षणानन्तज्ञानानन्दैकस्वरूपः स्वाभाविकानवधिकातिशयज्ञानबलैश्वर्यवीर्यशक्तितेजःप्रभृत्यसंख्येयकल्याणगुणगणमहोदधिः स्वाभिमतानूरूपैकरूपाचिन्त्यदिव्याद्भुतनित्यनिरवद्यनिरतिशयौज्ज्वल्यसौगन्ध्यसौन्दर्यसौकुमार्यलावण्ययौवनाद्यनन्तगुणनिधिदिव्यरूपः स्वोचितविविधविचित्रानन्ताश्चर्यनित्यनिरवद्यापरिमितदिव्यभूषणः स्वानुरूपासंख्येयाचिन्त्यशक्तिनित्यनिरवद्यनिरतिशयकल्याणदिव्यायुधः स्वाभिमतानुरूपनित्यनिरवद्यस्वरूपरूपगुणविभवैश्वर्यशीलाद्यनवधिकातिशयासंख्येयकल्याणगुणगणश्रीवल्लभः स्वसंकल्पानुविधायिस्वरूपस्थितिप्रवृत्तिभेदाशेषशेषतैकरतिरूपनित्यनिरवद्यनिरतिशयज्ञानक्रियैश्वर्याद्यनन्तगुणगणापमितसूरिभिरनवरताभिष्टुतचरणयुगलः वाङ्मनसापरिच्छेद्यस्वरूपस्वभावः स्वोचितविविधविचित्रानन्तभोग्यभोगोपकरणभोगस्थानसमृद्धानन्ताश्चर्यानन्तमहाविभवानन्तपरिमाणनित्यनिरवद्याक्षरपरमव्योमनिलयः तितिभविचित्रानन्तभोग्यभोक्त्रिवर्गपरिपूर्णानिखिलजगदुदयविभवलयलीलः परं ब्रह्म पुरुषोत्तमो नारायणोब्रह्मादिस्थावरन्तमखिलं जगत्सृष्ट्वा स्वेन रूपेणावस्थितः ब्रह्मादिदेवमनुष्याणांध्यानारधनाद्यगोचरोऽप्यपारकारुण्यसौशील्यवात्सल्यौदार्यमहोदधिः स्वमेव रूपं तत्तत्स्वजातीयसंस्थानमजहदेव कुर्वन् तेषु तेषु लोकेष्ववतीर्य अवतीर्य तैः तैराराधितस्तत्तदिष्टानुरूपं धर्मार्थकाममोक्षाख्यं फलं प्रयच्छन् भूभारावतारणापदेशेनास्मादीनामपि समाश्रयणियत्वाय अवतीर्य उर्व्यां सकलमनुजनयनविषयतां गतः परावरनिखिलजनमनोनयनहारिदिव्यचेष्टितानि कुर्वन् पूतनाशकटयमलार्जुनारिष्टप्रलम्बधेनुककालियकेशिकुवलयापीडचाणुरमुष्टिकतोसलकंसादीन् निहत्यानवधिकदयासौहार्दानुरागगर्भविलोकनालापामृतैर्विश्वमाप्ययन् निरतिशयसौन्दर्यसौशील्यादिगुणगणाविष्कारेणाक्रूरमालाकारादीन् परमभागवतान् कृत्वा पाण्डुतनययुधप्रोत्साहनव्याजेन परमपुरुषार्थलक्षणमोक्षसाधनतया वेदान्तोदितं ज्ञानकर्मानुगृहीतं भक्तियोगमवतारयामास।

तत्र पाण्डवानां कुरूणांच युधे प्रारब्धे स भगवान् पुरुषोत्तमः सर्वेश्वरेश्वरो जगदुपकृतिमर्त्य आश्रितवात्सल्यविवशः पार्थं रथिमात्मानं च सारथिं सर्वलोकसाक्षिकं चकार। एवमर्जुनस्य उत्कर्षं ज्ञात्वापि सर्वात्मनान्धो धृतराष्ट्रः सुयोधनविजयबुभुत्सया संजयं पप्रच्छ।

गूढार्थदीपिका मधुसूदनसरस्वतीपादविरचिता

भगवत्पादभाष्यार्थमालोच्यातिप्रयत्नतः।
प्रायः प्रत्यक्षरं कुर्वे गीतागूढार्थदीपिकाम्।। १।।

सहेतुकस्य संसारस्यात्यन्तोपरमात्मकम्।।
परं निःश्रेयसं गीताशास्त्रस्योक्तं प्रयोजनम्।। २।।

सच्चिदानन्दरूपं तत्पूर्णं विष्णोः परं पदम्।
यत्प्राप्तये समारब्धा वेदाः काण्डत्रयात्मकाः।। ३।।

कर्मोपास्तिस्तथा ज्ञानमिति काण्डत्रयं क्रमात्।
तद्रूपाष्टादशाध्यायैर्गीता काण्डत्रयात्मिका।। ४।।

एकमेकेन षट्केन काण्डमत्रोपलक्षयेत्।
कर्मनिष्ठाज्ञाननिष्ठे कथिते प्रथमान्त्ययोः।। ५।।

यतः समुच्चयो नास्ति तयोरतिविरोधतः।
भगवद्भक्तिनिष्ठा तु मध्यमे परिकीर्तिता।। ६।।

उभयानुगता सा हि सर्वविघ्नापनोदिनी।।
कर्ममिश्रा च शुद्धा च ज्ञानमिश्रा च सा त्रिधा।। ७।।

तत्र तु प्रथमे काण्डे कर्म तत्त्यागवर्त्मना।।
त्वंपदार्थो विशुद्धात्मा सोपपत्तिर्निरूप्यते।। ८।।

द्वितीये भगवद्भक्तिनिष्ठावर्णनवर्त्मना।
भगवान् परमानन्दस्तत्पदार्थो ऽवधार्यते।। ९।।

तृतीये तु तयोरैक्यं वाक्यार्थो वर्ण्यते स्फुटम्।
एवमप्यत्र काण्डानां सम्बन्धो ऽस्ति परस्परम्।। १०।।

प्रत्यध्यायं विशेषस्तु तत्र तत्रैव वक्ष्यते।
मुक्तिसाधनपर्वेदं शास्त्रार्थत्वेन कथ्यते।। ११।।

निष्कामकर्मानुष्ठानं त्यागात्काम्यनिषिधयोः।
तत्रापि परमो धर्मो जपस्तुत्यादिकं हरेः।। १२।।

क्षीणपापस्य चित्तस्य विवेके योग्यता यदा।
नित्यानित्यविवेकस्तु जायते सुदृढस्तदा।। १३।।

इहामुत्रार्थवैराग्यं वशीकाराभिधं क्रमात्।
ततः शमादिसम्पत्त्या संन्यासो निष्ठितो भवेत्।। १४।।

एवं सर्वपरित्यागान्मुमुक्षा जायते दृढा।
ततो गुरूपसदनमुपदेशग्रहस्ततः।। १५।।

ततः सन्देहहानाय वेदान्तश्रवणादिकम्।
सर्वमुत्तरमीमांसाशास्त्रमत्रोपयुज्यते।। १६।।

ततस्तत्परिपाकेन निदिध्यासननिष्ठता।
योगशास्त्रस्तु सम्पूर्णमुपक्षीणं भवेदिह।। १७।।

क्षीणदोषे ततश्चित्ते वाक्यात्तत्त्वमतिर्भवेत्।
साक्षात्कारो निर्विकल्पः शब्दादेवोपजायते।। १८।।

अविद्याविनिवृत्तिस्तु तत्त्वज्ञानोदये भवेत्।
तत आवरणे क्षीणे क्षीयेते भ्रमसंसयौ।। १९।।

अनारब्धाअनि कर्माणि नश्यन्त्येव समन्ततः।
न त्वागामीनि जायन्ते तत्त्वज्ञानप्रभावतः।। २०।।

प्रारब्धकर्मविक्षेपाद्वासना तु न नश्यति।
सा सर्वतो बलवता संयमेनोपशाम्यति।। २१।।

संयमो धारणा ध्यानं समाधिरिति यत्त्रिकम्।
यमादिपञ्चकं पूर्वं तदर्थमुपयुज्यते।। २२।।

ईश्वरप्रणिधानात्तु समाधिः सिध्यति द्रुतम्।
ततो भवेन्मनोनाशो वासनाक्षय एव च।। २३।।

तत्त्वज्ञानं मनोनाशो वासनाक्षय इत्यपि।
युगपत्त्रितयाभ्यासाज्जीवन्मुक्तिर्दृढा भवेत्।। २४।।

विद्वत्सन्न्यासकथनमेतदर्थं श्रुतौ कृतम्।
प्रागसिद्धो य एवांशो यत्नः स्यात्तस्य साधने।। २५।।

निरुद्धे चेतसि पुरा सविकल्पसमाधिना।
निर्विकल्पसमाधिस्तु भवेदत्र त्रिभूमिकः।। २६।।

व्युत्तिष्ठते स्वतस्त्वाद्ये द्वितीये परबोधितः।
अन्ते व्युत्तिष्ठते नैव सदा भवति तन्मयः।। २७।।

एवम्भूतो ब्राह्मणः स्याद्वरिष्ठो ब्रह्मवादिनाम्।
गुणातीतः स्थितप्रज्ञो विष्णुभक्तश्च कथ्यते।। २८।।

अतिवर्णाश्रमी जीवन्मुक्त आत्मरतिस्तथा।
एतस्य कृतकृत्यत्वात् शास्त्रमस्मान्निवर्तते।। २९।।

यस्य देवे परा भक्तिर्यथा देवे तथा गुरौ।
तस्यैते कथिता ह्यर्थाः प्रकाशन्ते महात्मनः।। ३०।।

इत्यादिश्रुतिमानेन कायेन मनसा गिरा।
सर्वावस्थासु भगवद्भक्तिरत्रोपयुज्यते।। ३१।।

पूर्वभूमौ कृत्वा भक्तिरुत्तमां भूमिमानयेत्।
अन्यथा विघ्नबाहुल्यात्फलसिद्धिः सुदुर्लभा।। ३२।।

पूर्वाभ्यासेन तेनैव ह्रियते ह्यवशो ऽपि सः।
अनेकजन्मसंसिद्ध इत्यादि च वचो हरेः।। ३३।।

यदि प्राग्भवसंस्कारस्याचिन्त्यत्वात्तु कश्चन।
प्रागेव कृतकृत्यः स्यादाकाशफलपातवत्।। ३४।।

न तं प्रति कृतार्थत्वाच्छास्त्रमारब्धुमिष्यते।
प्राक्सिद्धसाधनाभ्यासाद्दुर्ज्ञेया भगवत्कृपा।। ३५।।

एवं प्राग्भूमिसिद्धावप्युत्तरोत्तरभूमये।
विधेया भगवद्भक्तिस्तां विना सा न सिध्यति।। ३६।।

जीवन्मुक्तिदशायान्तु न भक्तेः फलकल्पना।
अद्वेष्टृत्वादिवत्तेषां स्वभावो भजनं हरेः।। ३७।।

आत्मारामाश्च मुनयो निर्ग्रन्था अप्युरुक्रमे।
कुर्वन्त्यहैतुकीं भक्तिमित्थम्भूतगुणो हरिः।। ३८।।

तेषां ज्ञानी नित्ययुक्त एकभक्तिर्विशिष्यते।
इत्यादिवचनात्प्रेमभक्तो ऽयं मुख्य उच्यते।। ३९।।

एतत्सर्वं भगवता गीताशास्त्रे प्रकाशितम्।
अतो व्याख्यातुमेतन्मे मन उत्सहते भृशम्।। ४०।।

निष्कामकर्मानुष्ठानं मूलं मोक्षस्य कीर्तितम्।
शोकादिरासुरः पाप्मा तस्य च प्रतिबन्धकः।। ४१।।

यतः स्वधर्मविभ्रंशः प्रतिषिद्धस्य सेवनम्।
फलाभिसन्धिपूर्वा वा साहङ्कारा क्रिया भवेत्।। ४२।।

आविष्टः पुरुषो नित्यमेवमासुरपाप्मभिः।
पुमर्थलाभायोग्यः सन् लभते दुःखसन्ततिम्।। ४३।।

दुःखं स्वभावतो द्वेष्यं सर्वेषां प्राणिनामिह।
अतस्तत्साधनं त्याज्यं शोकमोहादिकं सदा।। ४४।।

अनादिभवसन्ताननिरूढं दुःखकारणम्।
दुस्त्यजं शोकमोहादि केनोपायेन हीयताम्।। ४५।।

एवमाकाङ्क्षयाविष्टं पुरुषार्थोन्मुखं नरम्।
बुबोधयिषुराहेदं भगवान् शास्त्रमुत्तमम्।। ४६।।

सारार्थवर्षिणी विश्वनाथचक्रवर्तिपादविरचिता

गौरांशुकः सत्कुमुदप्रमोदी स्वाभिख्यया गोस्तमसो निहन्ता।
श्रीकृष्णचैतन्यसुधानिधिर्मे मनोऽधितिष्ठन् स्वरतिं करोतु।। १।।

प्राचीनवाचः सुविचार्य सोऽहमज्ञोऽपि गीतामृतलेशलिप्सुः।
यतेः प्रभोरेव मते तदत्र सन्तः क्षमध्वं शरणागतस्य।। २।।

आत्मानात्मविवेकेन शोकमोहतमो नुदन्।
द्वितीये कृष्णचन्द्रोऽत्र प्रोचे मुक्तस्य लक्षणम्।। ३।।

ज्ञानं कर्म च विस्पष्टमस्पष्टं भक्तिमुक्तवान्।
अतएवायमध्यायः श्रीगीतासूत्रमुच्यते।। ४।।

निष्काममर्पितं कर्म तृतीये तु प्रपञ्च्यते।
कामक्रोधजिगीषायां विवेकोऽपि प्रदर्श्यते।। ५।।

अध्यायेऽस्मिन् साधनस्य निष्कामस्यैव कर्मणः।
प्राधान्यमुचे तत्साध्यज्ञानस्य गुणतां वदन्।। ६।।

तुर्ये स्वाविर्भावहेतोर्नित्यत्वं जन्मकर्मणोः।
स्वस्योक्तं ब्रह्मयज्ञादिज्ञानोत्कर्षप्रपञ्चनम्।। ७।।

उक्तेषु मुक्त्युपायेषु ज्ञानमत्र प्रशस्यते।
ज्ञानोपायं तु कर्मैवेत्यध्यायार्थो निरूपितः।। ८।।

प्रोक्तं ज्ञानादपि श्रेष्ठं कर्म तद्दार्ढ्यसिद्धये।
तत्पदार्थस्य च ज्ञानं साम्याद्या अपि पञ्चमे।। ९।।

निष्कामकर्मणा ज्ञानी योगी चात्र विमुच्यते।
ज्ञात्वात्मपरमात्मानावित्यध्यायार्थ ईरितः।। १०।।

षष्ठेषु योगिनो योगप्रकारविजितात्मनः।
मनसश्चञ्चलस्यापि नैश्चल्योपाय उच्यते।। ११।।

अग्रिमाध्यायषट्कं यद्भक्तियोगनिरूपकम्।
तस्य सूत्रमयं श्लोको भक्तकण्ठविभूसणम्।। १२।।

प्रथमेन कथासूत्रं गीताशास्त्रशिरोमणिः।
द्वितीयेन तृतीयेन तुर्येणाकामकर्म च।। १३।।

ज्ञानञ्च पञ्चमेनोक्तं योगः षष्ठेन कीर्तितः।
प्राधान्येन तदप्येतत् षट्कं कर्मनिरूपकम्।। १४।।

कदा सदानन्दभुवो महाप्रभोः
कृपामृताब्धेश्चरणौ श्रयामहे।
यथा तथा प्रोज्झितमुक्तितत्पथा
भक्ताध्वना प्रेमसुधामयामहे।। १५।।

सप्तमे भजनीयस्य श्रीकृष्णैश्वर्यमुच्यते।
न भजन्ते भजन्ते ये ते चाप्युक्ताश्चतुर्विधाः।। १६।।

भक्ता एव हरेस्तत्त्वविदो मायां तरन्ति।
ते चोक्ताः षड्विधाः अत्रेत्यध्यायार्थो निरूपितः।। १७।।

पार्थप्रश्नोत्तरं योगं मिश्रां भक्तिं प्रसङ्गतः।
शुद्धाञ्च भक्तिं प्रोवाच द्वे गती अपि चाष्टमे।। १८।।

भक्तानां सर्वतः श्रैष्ठ्यं पूर्वोक्तं तेष्वपि स्फुटम्।
अनन्यभक्तस्येत्यर्थोऽत्राध्याये व्यञ्जितोऽभवत्।। १९।।

आराध्यत्वे प्रभोर्दासैरैश्वर्यं यदपेक्षितम्।
तत्शुद्धभक्तेरुत्कर्षश्चोच्यते नवमे स्फुटम्।। २०।।

पात्रापात्राविचारित्वं स्वस्पर्शात्सर्वशोधनम्।
भक्तेरेवात्रैतदस्या राजगुह्यत्वमीक्ष्यते।। २१।।

ऐश्वर्यं ज्ञापयित्वोचे भक्तिं यत्सप्तमादिषु।
सरहस्यं तदेवोक्तं दशमे सविभूतिकम्।। २२।।

विश्वं श्रीकृष्ण एवातः सेव्यस्तद्भक्तया धिया।
स एवास्वाद्यमाधुर्य इत्यध्यायार्थ ईरितः।। २३।।

एकादशे विश्वरूपं दृष्ट्वा संभ्रान्तधीः स्तुवन्।
पार्थ आनन्दितो दर्शयित्वा स्वं हरिणा पुनः।। २४।।

कृष्णस्यैव महैश्वर्यं ममैवास्मिन् रणे जयः।
इत्यर्जुनो निश्चिकायेत्यध्यायार्थो निरूपितः।। २५।।

द्वादशे सर्वभक्तानां ज्ञानिभ्यः श्रैष्ठ्यमुच्यते।
भक्तेष्वपि प्रशस्यन्ते येऽद्वेषादिगुणान्विताः।। २६।।

सर्वश्रेष्ठो सुखमयी सर्वसाध्यसुसाधिका।
भक्तिरेवाद्भुतगुणेत्यध्यायार्थो निरूपितः।। २७।।

निम्बद्राक्षे इव ज्ञानभक्ती यद्यपि दर्शिते।
आदीयेते तदप्येते तत्तदास्वादलोभिभिः।। २८।।

नमोऽस्तु भगवद्भक्त्यै कृपया सांशलेशतः।
ज्ञानादिष्वपि तिष्ठेत्तत्सार्थकीकरणाय या।। २९।।

षट्के तृतीयेऽअत्र भक्तिमिश्रं ज्ञानं निरूप्यते।
तन्मध्ये केवला भक्तिरपि भङ्ग्या प्रकृष्यते।। ३०।।

त्रयोदशे शरीरञ्च जीवात्मपरमात्मनोः।
ज्ञानस्य साधनं जीवः प्रकृतिश्च विविच्यते।। ३१।।

द्वयोः क्षेत्रज्ञयोर्मध्ये जीवात्मा क्षेत्रधर्मभाक्।
बध्यते मुच्यते ज्ञानादित्यध्यायार्थ ईरितः।। ३२।।

गुणाः स्युर्बन्धकास्ते तु फलैर्ज्ञेयाश्चतुर्दशे।
गुणात्यये चिह्नततिर्हेतुर्भक्तिश्च वर्णिता।। ३३।।

अनर्थ एव त्रैगुण्यं निस्त्रैगुण्यं कृताथता।
तच्च भक्त्यैव भवतीत्यध्यायार्थो निरूपितः।। ३४।।

संसारच्छेदकोऽसङ्ग आत्मेशांशः क्षराक्षरात्।
उत्तमः पुरुषः कृष्ण इति पञ्चदशे कथा।। ३५।।

जडचैतन्यवर्गाणां विवृतं कुर्वता कृतम्।
कृष्ण एव महोत्कर्ष इत्यध्यायार्थ ईरितः।। ३६।।

षोडशे सम्पदं दैवीमासुरीमप्यवर्णयत्।
सर्गञ्च द्विविधं दैवमासुरं प्रभुरक्षयात्।। ३७।।

आस्तिका एव विन्दन्ति सद्गतिं सन्त एव ते।
नास्तिका नरकं यान्तीत्यध्यायार्थो निरूपितः।। ३८।।

अथ सप्तदशे वस्तु सात्त्विकं राजसं तथा।
तामसञ्च विविच्योक्तं पार्थप्रश्नोत्तरं यथा।। ३९।।

उक्तेषु विविधेष्वेव सात्त्विकं श्रद्धया कृतम्।
यत्स्यात्तदेव मोक्षार्हमित्यधायार्थ ईरितः।। ४०।।

सन्न्यासज्ञानकर्मादेस्त्रैविध्यं मुक्तिनिर्णयः।
गुह्यसारतमा भक्तिरित्यष्टादश उच्यते।। ४१।।

सारार्थवर्षिणी विश्वजनीना भक्तचातकान्।
माधुरी धिनुतादस्या माधुरी भातु मे हृदि।। ४२।।

गीताभूषणभाष्यम् बलदेवविद्याभूषणरचितम्

सत्यानन्ताचिन्त्यशक्त्येकपक्षे
सर्वाध्यक्षे भक्तरक्षातिदक्षे।
श्रीगोविन्दे विश्वसर्गादिकन्दे
पूर्णानन्दे नित्यमास्तां मतिर्मे।। १।।

अज्ञाननीरधिरुपैति यया विशोषं
भक्तिः परापि भजते परिपोषमुच्चैः।

तत्त्वं परं स्फुरति दुर्गमप्यजस्त्रम्
साद्गुण्यभृत् स्वरचितां प्रणमामि गीताम्।। २।।

अहिंस्रस्यात्मजिज्ञासा दयार्द्रस्योपजायते।
तद्विरुद्धस्य नैवेति प्रथमादुपधारितम्।। ३।।

द्वितीये जीवयाथात्म्यज्ञानं तत्साधनं हरिः।
निष्कामकर्म च प्रोचे स्थितप्रज्ञस्य लक्षणम्।। ४।।

निष्कामकर्मभिर्ज्ञानी हरिमेव स्मरन् भवेत्।
अन्यथा विघ्न एवेति द्वितीयोऽध्यायनिर्णयः।। ५।।

तृतीये कर्मनिष्कामं विस्तरेणोपवर्णितम्।
कामादेर्विजयोपायो दुर्जयस्यापि दर्शितः।। ६।।

निष्कामं कर्म मुख्यं स्याद्गौणं ज्ञानं तदुद्भवम्।
जीवात्मदृष्टावित्येष तृतीयोऽध्यायनिर्णयः।। ७।।

तुर्ये स्वाभिव्यक्तहेतुं स्वलीलानित्यत्वं सत्कर्मसु ज्ञानयोगम्।
ज्ञानस्यापि प्राग्यन्माहात्म्यमुच्चैः प्राख्यद्देवो देवकीनन्दनोऽसौ।। ८।।

द्व्यंशकं धान्यवत्कर्म तुषांशादिव तण्डुलः।
श्रेष्ठं द्रव्यांशतो ज्ञानमिति तुर्यस्य निर्णयः।। ९।।

ज्ञानतः कर्मणः श्रेष्ठ्यं सुकरत्वादिना हरिः।
शुद्धस्य तदकर्तृत्वं त्वित्यादि प्राह पञ्चमे।। १०।।

निष्कामकर्मणा योगशिरस्केन विमुच्यते।
सनिष्ठो ज्ञानगर्भेणेत्येष पञ्चनिर्णयः।। ११।।

षष्ठे योगविधिः कर्मशुद्धस्य विजितात्मनः।
स्थैर्योपायश्च मनसोऽस्थिरस्यापीति कीर्त्यते।। १२।।

गीताकथासूत्रमवोचदाद्ये कर्म द्वितीयादिषु कामशून्यम्।
तत्पञ्चमे वेदनगर्भमाख्यन् षष्ठे तु योगोज्ज्वलितं मुकुन्दः।। १३।।

सप्तमे भजनीयस्य स्वस्यैश्वर्यं प्रकीर्त्यते।
चातुर्विध्यञ्च भजतां तथैवाभजतामपि।। १४।।

मां विदुस्तत्त्वतो भक्ता मन्मायामुत्तरन्ति ते।
ते पुनः पञ्चविधेत्येष सप्तमस्य विनिर्णयः।। १५।।

उक्तान् पृष्टः क्रमाद्व्याख्यद्ब्रह्मादीन् हरिरष्टमे।
योगमिश्राञ्च शुद्धाञ्च भक्तिमार्गद्वयं तथा।। १६।।

कृष्णांशः पुरुषो योगभक्त्या लभ्योऽर्च्चिरादिभिः।
कृष्णस्त्वनन्यभक्त्यैवेत्यष्टमस्य विनिर्णयः।। १७।।

भक्त्युद्दीप्तिकरं स्वस्य पारमैश्वर्यमद्भुतम्।
स्वभक्तेश्च महोत्कर्षं नवमे हरिरूचिवान्।। १८।।

पात्रापात्रधिया शून्या स्पर्शात्सर्वाघनाशिनी।
गङ्गेव भक्तिरेवेति राजगुह्यमिह स्मृता।। १९।।

सप्तमादौ निजैश्वर्यं भक्तिहेतुं यदीरितम्।
विभूतिकथनेनात्र दशमे तत्प्रपुष्यते।। २०।।

यच्छक्तिलेशात्सूर्याद्या भवन्त्युग्रतेजसः।
यदंशेन धृतं विश्वं स कृष्णो दशमेऽर्च्यते।। २१।।

एकादशे विश्वरूपं विलोक्य त्रस्तधीः स्तुवन्।
दर्शयित्वा स्वकं रूपं हरिणा हर्षितोऽर्जुनः।। २२।।

पूर्णः कृष्णोऽवतारित्वात्तद्भक्तानां जयो रणे।
भारते पाण्डुपुत्राणामित्येकादशनिर्णयः।। २३।।

उपायेषु समस्तेषु शुद्धा भक्तिर्महाबला।
प्रापयेत्त्वरया यन्मामित्याह द्वादशे हरिः।। २४।।

वशः स्वैकजुषां कृष्णः स्वभक्त्येकजुषां तु सः।
प्रीत्यैवातिवशः श्रीमानिति द्वादशनिर्णयः।। २५।।

कथिताः पूर्वषट्काभ्यामर्थाज्जीवादयोऽत्र ये।
स्वरूपाणि विशोध्यन्ते तेषां षट्केऽन्तिमे स्फुटम्।। २६।।

भक्तौ पूर्वोपदिष्टायां ज्ञानं द्वारं भवत्यतः।
देहजीवेशविज्ञानं तद्वक्तव्यं त्रयोदशे।। २७।।

जीवेशौ देहमध्यस्थौ तत्राद्यो देहधर्मयुक्।
बध्यते मुच्यते बोधादिति ज्ञानं त्रयोदशात्।। २८।।

गुणाः स्युर्बन्धकास्ते तु परिचेयाः फलैस्त्रयः।
मद्भक्त्या तन्निवृत्तिः स्यादिति प्रोक्तं चतुर्दशे।। २९।।

संसारो गुणयोगः स्याद्विमोक्षस्तु गुणात्ययः।
तत्सिद्धिर्हरिभक्त्यैवेत्येतद्बुद्धं चतुर्दशात्।। ३०।।

संसारच्छेदि वैराग्यं जीवो मेऽंशः सनातनः।
अहं सर्वोत्तमः श्रीमानिति पञ्चदशे स्मृतम्।। ३१।।

बद्धान्मुक्ताच्च यः पुंशो भिन्नस्तद्वृत्तदुत्तमः।
स पुमान् हरिरेवेति प्राप्तं पञ्चदशादतः।। ३२।।

दैवीं तथासुरीं कृष्णः सम्पदं षोडशेऽब्रवीत्।
उपादेयत्वहेयत्वे बोधयन् क्रमतस्तयोः।। ३३।।

वेदार्थनैष्ठिका यन्ति स्वर्गं मोक्षञ्च शाश्वतम्।
वेदबाह्यास्तु नरकानिति षोडशनिर्णयः।। ३४।।

सात्त्विकं राजसं वस्तु तामसञ्च विवेकतः।
कृष्णः सप्तदशेऽवादीत्पार्थप्रश्नानुसारतः।। ३५।।

श्रद्धां स्वभावजां हित्वा शास्त्रजां तां समाश्रितः।
निःश्रेयसाधिकारी स्यादिति सप्तदशी स्थितिः।। ३६।।

गीतार्थानिह संगृह्णन् हरिरष्टादशेऽखिलान्।
भक्तेस्तत्र प्रपत्तेश्च सोऽब्रवीदतिगोप्यताम्।। ३७।।

उपाया बहवस्तेषु प्रपत्तिर्दास्यपूर्विका।
क्षिप्रं प्रसादनी विष्णोरित्यष्टादशतो मतम्।। ३८।।

पीतं येन यशोदास्तन्यं नीतं पार्थसारथ्यम्।
स्फीतं सद्गुणवृन्दैस्तदत्र गीतं परं तत्त्वम्।। ३९।।

यदिच्छातरिं प्राप्य गीतापयोधौ
न्यमज्जं गृहीतातिचित्रार्थरत्नम्।
न चोत्थातुमस्मि प्रभुर्हर्षयोगात्
स मे कौतुकी नन्दसूनुः प्रियस्तात्।। ४०।।

श्रीमद्गीताभूषणं नाम भाष्यं
यत्नाद्विद्याभूषणेनोपचीर्णम्।
श्रीगोविन्दप्रेममाधुर्यलुब्धाः
कारुण्यार्द्राः साधवः शोधयध्वम्।। ४१।।

Bibliography

Brahma, Nalinīkānta, editor. *Śrīmadbhagavadgītā.* Kalikātā, India: Navabhārata Pābliśārsa, 1986, 1st edition. In Sanskrit (Bengali script) with the commentary of Madhusūdana Sarasvatī with Bengali translation of text and commentary. Originally edited and translated by Bhūtanātha Saptatīrtha.

Brahmacārī, Dr. Mahānāmabrata. *Gītā-dhyāna.* Kolkata, India: Shri Mahanamabrata Cultural and Welfare Trust, 2009, 9th edition. In Bengali and Sanskrit (Bengali script). A series of essays in Bengali on each chapter of the *Bhagavad-gita* with the full text and a translation into Bengali at the end of the book.

van Buitenen, J. A. B. *The Bhagavadgītā in the Mahābhārata: a Bilingual Edition.* Chicago: University of Chicago, 1981, 1st edition. In Sanskrit (transliteration) and English.

Bābā, Kṛṣṇadāsa, editor. *Śrīmadbhagavadgītā.* Kusumasarovara, Mathurā, India: Kṛṣṇadāsabābā, 2023 Samvat (1955), 1st edition. In Sanskrit (Devanāgarī) with the commentaries of Viśvanātha Cakravartin and Baladeva Vidyābhūṣaṇa.

Caleb, C. C. *The Song Divine, or Bhagavad-gītā: a metrical rendering (with annotations).* Kirksville, Missouri, USA: Blazing Sapphire Press, 2011, 1st edition. In Sanskrit (Devanāgarī) and

English. Contains five traditional summaries of the *Bhagavad-gītā* in both Sanskrit and English in the appendix.

———. *The Song Divine, or Bhagavad-gītā: a metrical rendering (with annotations) (English-only Version)*. Kirksville, Missouri, USA: Blazing Sapphire Press, 2012, 1st edition. In English. Contains English translations of five traditional summaries of the *Bhagavad-gītā* in the appendix.

Deutsch, Eliot. *The Bhagavad Gita*. New York, Chicago, San Francisco: Holt, Rinehart and Winston, 1968, 1st edition.

Edgerton, Franklin. *The Bhagavad Gītā*. Cambridge, Mass.: Harvard University Press, 1972, 1st edition. Fourth Printing.

Gupta, S. K. *Madhusūdana Sarasvatī on the Bhagavadgītā*. Delhi and Varanasi and Patna, India: Motilal Banarsidass, 1977, 1st edition. In Sanskrit (Devanāgarī) and English. Does not contains the Sanskrit original of Madhusūdana's commentary.

Johnson, W. J. *The Bhagavad Gita*. Oxford and New York: Oxford University Press, 1994, 1st edition. English translation without the original text.

Minor, Robert N. *Bhagavad-gītā: an exegetical commentary*. Columbia, Missouri: South Asia Books, 1982, 1st edition.

Mukerjee, Radhakamal. *Bhagavad Gītā: Beyond the Religions*. Delhi, India: B. R. Publishing Corporation, 1999, 1st edition.

Prem, Sri Krishna. *The Yoga of the Bhagavad Gita*. Sandpoint, Idaho: Morning Light Press, 2008, 2nd edition.

Purīdāsa, editor. *Śrīmad-bhāgavatam*, volume 1-3. Mayamanasiṃha, Bangla Desh: Śacīnātharāya-caturdhurīṇa, 1945, 1st edition. In Sanskrit (Bengali script) with verse index. No commentaries.

Sargeant, Winthrop. *The Bhagavad Gita*. Albany, New York: State University of New York Press, 1994, 1st edition. In Sanskrit (Devanāgarī and transliteration) and English.

Tarkabhūṣaṇa, Pramathanātha, editor. *Śrīmadbhagavadgītā*. Kalikātā, India: Deva Sāhitya Kuṭīra Prāibheṭa Limiṭiḍa, 2001, 7th edition. In Sanskrit (Bengali script) with the commentaries of Śaṅkara and Ānandagiri with Bengali translations of the text and Śaṅkara's commentary.

Tīrtha., Bhaktivilāsa, editor. *Śrīmadbhagavadgītā*. Nadīyā, West Bengal, India: Śrī Gauḍīya Maṭha, 484 Gaurābda (1970), 1st edition. In Sanskrit (Bengali script) and Bengali with the commentary of Viśvanātha Cakravartin.

Vireswarananda, Swami. *Śrīmad Bhagavad Gītā with the gloss of Śrīdhara Swāmī*. Madras, India: Sri Ramakrishna Math, [1948?], 1st edition. In Sanskrit (Devanāgarī) and English. Does not contain the Sanskrit text of Śrīdhara's commentary.

Warrior, Dr. A. G. Krishna. *Śrīmad Bhagavad Gītā Bhāṣya of Śrī Śaṅkarācārya*. Mylapore, Chennai, India: Sri Ramakrishna Math, [1983?], 1st edition. In Sanskrit (Devanāgarī) and English. Contains the Sanskrit commentary of Śaṅkara.

Śaṅkara. *Upadeshasāhasrī of Śaṅkarāchārya*. Mylapore, Madras: Sri Ramakrishna Math, 1949, 1st edition. In Sanskrit (Devanāgarī). English translation with notes by Swāmī Jagadānanda. Based on the commentary of Rāmatīrtha.

———. *A Thousand Teachings: the Upadeśasāhasrī of Śaṅkara*. Albany, New York: State University of New York Press, 1992, 1st edition. English translation with long introduction by Sengaku Mayeda.

Introduction to the Devanāgarī Script

Vowels: Svara

The sounds of the Sanksrit alphabet are divided among the different places in the mouth; a and ā are pronounced in the throat, i and ī at the palate, u and ū with the lips, ṛ and ṝ with the tongue curled upward at the roof of the mouth, ḷ and ḹ at the teeth, e at the palate, ai sliding from throat to palate, o at the lips, au sliding from throat to lips, and aḥ at the throat. (ă is a nasal sound)

अ — a, pronounced like "a" in "Roman,"[1]

आ — ā, pronounced like "a" in "father,"

इ — i, pronounced like "i" in "it" or "pin,"

[1] Many of these pronunciation examples s have been taken from the fine introduction to Sanskrit called *Sanskrit: an easy introduction to an enchanting language* by Ashok Aklujkar. (Richmond, British Columbia: Svādhyāya Publications, 1992)

ई — ī, pronounced like "i" in "police,"

उ — u, pronounced like "u" in "push,"

ऊ — ū, pronounced like "u" in "rude,"

ऋ — ṛ, pronounced like "er" in "fiber,"

ॠ — ṝ, pronounced like "ree" in "reel,"

ऌ — ḷ, pronounced like "le" in "angle,"

ॡ — ḹ, pronounced like "lea" in "leash,"

ए — e, pronounced like "ay" in "way,"

ऐ — ai, pronounced like "ai" in "aisle,"

ओ — o, pronounced like "o" in "note,"

औ — au, pronounced like "ow" in "now,"

आं — āṃ, pronounced like "ung" in "rung,"

आः — āḥ, pronounced like "aha,"

Consonants: Viṣṇujana/Vyañjana

The ka-varga (ka-group)

These velar consonants are all pronounced in the throat.

क् — k, pronounced like the "k" in "sky,"

ख् — kh, pronounced like "c" in "cat,"

ग् — g, pronounced like the "g" in "gum,"

घ् — gh, pronounced like the "gh" in "doghouse,"

ङ् — ṅ, pronounced like "ng" in "sung,"

The ca-varga (ca-group)

These palatal consonants are all pronounced at the palate.

च् — c, pronounced like the "ch" in "church,"

छ् — ch, pronounced like the "ch" in "chew,"

ज् — j, pronounced like "j" in "jump,"

झ् — jh, pronounce this like "j" with a strong outward breath,"

ञ् — ñ, pronounced like "n" in "canyon,"

The ṭa-varga (ṭa-group)

These retroflex consonants are all pronounced with the tip of the tongue curled upward touching the roof of the mouth.

ट् — ṭ, pronounced like the "t" in "art" or "stop,"

ठ् — ṭh, pronounced like the "th" in "boathouse,"

ड् — ḍ, pronounced like "d" in "ardent" or "bird,"

ढ् — ḍh, pronounce this like "dh" in "hardhat,"

ण् — ṇ, pronounced like "n" in "yarn," "land" or "tint,"

The ta-varga (ta-group)

These dental consonants are all pronounced at the teeth.

त् — t, pronounced like the "th" in "the," "them" or the french word "*tete* (head),

थ् — th, pronounced like the above letter `t', but with more aspiration,

द् — d, pronounced like in the french word "*donner*" (to give),

ध् — dh, pronounce this like "d" with a strong outward breath,

न् — n, pronounced like "n" in "no,"

The pa-varga (pa-group)

These labial consonants are all pronouced with the lips.

प् — p, pronounced like the "p" in "spin,"

फ् — pha, pronounced like the "ph" in "tophat,"

ब् — b, pronounced like "b" in "boat,"

भ् — bh, pronouned like "bh" in "abhor,"

म् — m, pronounced like "m" in "mud,"

The Semivowels

The sounds are divided thus; y is produced at the palate, r at the roof of the mouth, l at the teeth, and v at the lips.

य् — y, pronounced like the "y" in "yoga,"

र् — r, pronounced like the "r" in "relic,"

ल् — l, pronounced like "l" in "land,"

व् — v, pronounced like "v" in "vote,"

The Sibilants

The sounds are divided thus; ś is produced at the palate, ṣ at the roof of the mouth, s at the teeth, and h at the throat.

श् — ś, pronounced like the "sh" in "Swedish-chocolate,"

ष् — ṣ, pronounced with tongue curled upward touching the roof of the mouth,

स् — s, pronounced like "s" in "sun,"

ह् — h, pronounced like "h" in "house,"

Combining Vowels and Consonants

Most vowel consonant combinations follow the pattern shown here.

क्	+	अ	=	क
क्	+	आ	=	का
क्	+	इ	=	कि
क्	+	ई	=	की
क्	+	उ	=	कु
क्	+	ऊ	=	कू
क्	+	ऋ	=	कृ
क्	+	ॠ	=	कॄ
क्	+	ऌ	=	कॢ
क्	+	ॡ	=	कॣ
क्	+	ए	=	के
क्	+	ऐ	=	कै
क्	+	ओ	=	को
क्	+	औ	=	कौ

ग्	+	अ	=	ग
ग्	+	आ	=	गा
ग्	+	इ	=	गि
ग्	+	ई	=	गी
ग्	+	उ	=	गु
ग्	+	ऊ	=	गू
ग्	+	ऋ	=	गृ
ग्	+	ॠ	=	गॄ
ग्	+	ऌ	=	गॢ
ग्	+	ॡ	=	गॣ
ग्	+	ए	=	गे
ग्	+	ऐ	=	गै
ग्	+	ओ	=	गो
ग्	+	औ	=	गौ

And so forth.

Compound Consonants

क्क kka	क्ख kkha	क्च kca	क्ण kṇa	क्त kta
क्त्य ktya	क्त्र ktra	क्त्र्य ktrya	क्त्व ktva	क्न kna
क्न्य knya	क्म kma	क्य kya	क्र kra	क्र्य krya
क्ल kla	क्व kva	क्व्य kvya	क्ष kṣa	क्ष्म kṣma
क्ष्य kṣya	क्ष्व kṣva	ख्य khya	ख्र khra	ग्य gya
ग्र gra	ग्र्य grya	घ्न ghna	घ्न्य ghnya	घ्म ghma
घ्य ghya	घ्र ghra	ङ्क ṅka	ङ्त ṅta	ङ्क्त्य ṅktya
ङ्क्य ṅkya	ङ्क्ष ṅkṣa	ङ्क्ष्व ṅkṣva	ङ्ख ṅkha	ङ्ख्य ṅkhya
ङ्ग ṅga	ङ्ग्य ṅgya	ङ्घ ṅgha	ङ्घ्य ṅghya	ङ्घ्र ṅghra
ङ्ङ ṅṅa	ङ्न ṅna	ङ्म ṅma	ङ्य ṅya	च्च cca
च्छ ccha	च्छ्र cchra	च्ञ cña	च्म cma	च्य cya
छ्य chya	छ्र chra	ज्ज jja	ज्झ jjha	ज्ञ jña
ज्ञ्य jñya	ज्म jma	ज्य jya	ज्र jra	ज्व jva
ञ्च ñca	ञ्च्म ñcma	ञ्च्य ñcya	ञ्छ ñcha	ञ्ज ñja
ञ्ज्य ñjya	ट्ट ṭṭa	ट्य ṭya	ठ्य ṭhya	ठ्र ṭhra
ड्ग ḍga	ड्ग्य ḍgya	ड्घ ḍgha	ड्घ्र ḍghra	ड्ढ ḍḍha
ड्म ḍma	ड्य ḍya	ढ्य ḍhya	ढ्र ḍhra	ण्ट ṇṭa
ण्ठ ṇṭha	ण्ड ṇḍa	ण्ड्य ṇḍya	ण्ड्र ṇḍra	ण्ड्र्य ṇḍrya
ण्ढ ṇḍha	ण्ण ṇṇa	ण्म ṇma	ण्य ṇya	ण्व ṇva
त्क tka	त्क्र tkra	त्त tta	त्त्य ttya	त्त्र ttra
त्त्व ttva	त्थ ttha	त्न tna	त्न्य tnya	त्प tpa
त्प्र tpra	त्म tma	त्म्य tmya	त्य tya	त्र tra
त्र्य trya	त्व tva	त्स tsa	त्स्न tsna	त्स्न्य tsnya
थ्य thya	द्ग dga	द्ग्र dgra	द्घ dgha	द्घ्र dghra
द्द dda	द्द्य ddya	द्ध ddha	द्ध्य ddhya	द्न dna
द्ब dba	द्भ dbha	द्भ्य dbhya	द्म dma	द्य dya
द्र dra	द्र्य drya	द्व dva	द्व्य dvya	ध्न dhna
ध्न्य dhnya	ध्म dhma	ध्य dhya	ध्र dhra	ध्र्य dhrya
ध्व dhva	न्त nta	न्त्य ntya	न्त्र ntra	न्द nda
न्द्र ndra	न्ध ndha	न्ध्र ndhra	न्न nna	न्प npa
न्प्र npra	न्म nma	न्य nya	न्र nra	न्स nsa
प्त pta	प्त्य ptya	प्न pna	प्प ppa	प्म pma
प्य pya	प्र pra	प्ल pla	प्व pva	प्स psa
प्स्व psva	ब्घ bgha	ब्ज bja	ब्द bda	ब्ध bdha

ब्न bna	ब्ब bba	ब्भ bbha	ब्भ्य bbhya	ब्य bya
ब्र bra	ब्व bva	भ्न bhna	भ्य bhya	भ्र bhra
भ्व bhva	म्र mra	म्प mpa	म्प्र mpra	म्ब mba
म्भ mbha	म्म mma	म्य mya	म्न mna	म्ल mla
म्व mva	य्य yya	य्व yva	ल्क lka	ल्प lpa
ल्म lma	ल्य lya	ल्ल lla	ल्व lva	ल्ह lha
व्न vna	व्य vya	व्र vra	व्व vva	श्च śca
श्च्य ścya	श्न śna	श्य śya	श्र śra	श्र्य śrya
श्ल śla	श्व śva	श्व्य śvya	श्श śśa	ष्ट ṣṭa
ष्ट्य ṣṭya	ष्ट्र ṣṭra	ष्ट्र्य ṣṭrya	ष्ट्व ṣṭva	ष्ठ ṣṭha
ष्ण ṣṇa	ष्ण्य ṣṇya	ष्प ṣpa	ष्प्र ṣpra	ष्म ṣma
ष्य ṣya	ष्व ṣva	स्क ska	स्ख skha	स्त sta
स्त्य stya	स्त्र stra	स्त्व stv	स्थ stha	स्न sna
स्न्य snya	स्प spa	स्फ spha	स्म sma	स्म्य smya
स्य sya	स्र sra	स्व sva	स्स ssa	ह्ण hṇa
ह्न hna	ह्म hma	ह्य hya	ह्र hra	ह्ल hla
ह्व hva				

Pronunciation Table

	guttural	palatal	retroflex	dental	labial
1.	अ (a)	इ (i)	ऋ (ṛ)	ऌ (ḷ)	उ (u)
2.	आ (ā)	ई (ī), ए (e)	ॠ (ṝ)	ॡ (ḹ)	ऊ (ū), ओ (o)
3.	क (ka)	च (ca)	ट (ṭa)	त (ta)	प (pa)
4.	ख (kha)	छ (cha)	ठ (ṭha)	थ (tha)	फ (pha)
5.	ग (g)	ज (ja)	ड (ḍa)	द (da)	ब (ba)
6.	घ (gha)	झ (jha)	ढ (ḍha)	ध (dha)	भ (bha)
7.	ङ (ṅa)	ञ (ña)	ण (ṇa)	न (na)	म (ma)
8.		य (ya)	र (ra)	ल (la)	व (va)
9.	ह (ha)	श (śa)	ष (ṣa)	स (sa)	

ऐ slides from guttural to palatal.

औ slides from guttural to labial.

1. Short vowels

2. Long vowels
3. Unvoiced, unaspirated
4. Unvoiced, aspirated
5. Voiced, unaspirated
6. Voiced, aspirated
7. Nasals
8. Semivowels
9. Sibilants

www.ingramcontent.com/pod-product-compliance
Lightning Source LLC
Chambersburg PA
CBHW030321080526
44584CB00012B/650
9781936135004